オワコンを
自覚している親ほど
子は伸びる

育児＝育自

OTSU著

はじめに
オワコンを自覚している親の子は伸びる

「すべての親はオワコンです」

私の講演会には数百名が集まり、お一人数万円をいただいておりますが、多忙な中、高いお金を払ってくださった方々に、私は忖度《そんたく》せずにそう言います。

これは、何もウケ狙いではなく、注目されたくてあえて言っているわけでもありません。偽《いつわ》らざる本心です。

「そんなこと言って怒られないか」と思われるかもしれませんが、意外とそうでもありません。

もちろん、私の知らないところで怒っている方がいる可能性はありますが、少なくとも私の耳には届いていません。

それはなぜかといったら、おそらくお聞きになっていた方々も、心の中で「そうだろうな」と自覚しているからではないでしょうか。

たとえば、私は１９７６（昭和51）年生まれですが、同世代だと、親は〝団塊《だんかい》の世代〟という人がほとんどでしょう。

団塊の世代と呼ばれる人たちは、１９４７（昭和22）～１９４９（昭和24）年に生まれた人なので、第２次大戦後すぐに生まれた世代です。親が子に与える影響を考えれば、私たちの世代は「戦後教育の賜物《たまもの》」と言えますよね。

ましてや、その団塊世代の親世代は、大正生まれの方々がメインになるでしょうから、戦前の人たちの考え方のもとで育てられたということになります。

親がオワコンなのは当たり前であり、それを自覚しているだけ、わが子を伸ばす余地があると言えます。

つまり「オワコンを自覚している親の子は伸びる」ということです。

教育界ではいまだに子どもを枠にはめたがる

私の本業はコンサルタントです。１９９３年に独立したので、経営者として30年のキャリアがあります。

計算が得意な方ならお気づきかもしれませんが、じつは10代で独立しました。

だからというわけでもないでしょうが、自分が身を置く業界に限らず、幅広い業界から〝人財教育〟の分野で高い評価をいただいているようです。講演会でも、そのテーマでお話ししてほしいというご要望をよくお受けしています。

それが最近では、大人の育成ではなく子ども、つまり子育てに関する講演会にお呼ばれするようになりました。

私自身、二人の娘を持つ父親ですが、教育関係は本業ではありません。

しかし、なぜ自分が必要とされているのか、すぐにわかりました。

教育者と呼ばれる方の中には、いかに問題なく子育てをするか、成績優秀な子どもにするかに重きを置いている方が少なくないのです。

その典型が「失敗させない」とか「名門校に行け」などといった古い価値観です。子どもは失敗しながら成長するものですし、今どき名門校に行けば大丈夫という時代ではありません。

いわゆる「枠にはめようという教育」が、令和になっても推奨されているのです。

一方で「自分はオワコンだ」と自覚し、このままではいけないと思っている親御さんもいます。

しかし、自分も枠の中にはめられた教育を受けていたので、子どもにどう教え、どう接していいのかがわからないのでしょう。

そこで、私が呼ばれるようになったようです。

私は10代で独立して以来、何人もの一流サービスマンを育ててきましたが、それは学校の教科書のようなマニュアルに頼ったものではありません。そのため、必然的に「枠にはまらない教育」の話となり、それが広まっていったのでしょう。

私は講演会で、よく「どんどん失敗させましょう」「計画よりも行動です」「人の評価なんて無視してください」と話します。

失敗を嫌い、計画性を重視し、場の空気を読むことに長《た》けた日本人や日本の組織が善としてきたこととは真逆のことを言うのです。

また私自身、世間で名門校といわれる学校の出身ですが、現在の学校教育には否定的です。

むしろ「学校は軍国主義の名残《なごり》です」「日本の学校は塾がなければ成立しません」「学校や先生を神聖視しないでください」などと平気で言っています。

これらは、何も奇をてらった発言ではありません。すべて本心ですし、それなりに根拠もあります。

詳しくは本文に譲りますが、今の教育界は「いつまでこんなことやっているの？」ということが、いまだふつうにおこなわれているのです。

既存の価値観に縛られていた親御さんたちも、最初は私の発言に驚く方もいますが、話を聞いていくうちに深く納得されるようです。

自然と満足度の高い講演会となり、それが盛況となって今に至ります。

子どもの「キラキラ」を見つけるために

子育てにおいてもっとも大事なことは、親が子どものキラキラしているものを見つけることです。自分の子どもは、何をしているときがいちばん輝いているか、楽しそうにしているかを探すのです。

そのためには、子どもが「やりたい！」と言ったことは、できるだけすぐやれるように心がけましょう。

多くの親が、強制的に学習塾に入れてひたすら勉強させたり、自分のコンプレックスを押しつけて野球やピアノをやらせたりしていますが、それはナンセンスです。

さらに、人間は失敗から学ぶ動物です。とくに子どものときの失敗は、将来的には宝物だとさえ言えます。

勉強でも習い事でも、よく子どものミスを叱《しか》る親がいますが、これは逆効果です。子どもの結果にはこだわらず、どんどん失敗することができる環境を整えましょう。

成功者ほどたくさん失敗をしています。裏を返せば、失敗をおそれない人ほど成功できるということです。

それでなくても今は激動の時代です。失敗をおそれて二の足を踏んでいたら、あっという間に取り残されてしまいます。

自分の子どもを、失敗をおそれない〝人財〟に育てることは、これからの時代、親として非常に大事になってきます。

学校に子どもの教育を任せない

また、いまだに「寄らば大樹の陰」的な考えを捨てきれない親御さんもいますが、これぞまさにオワコンの極みです。

そもそも、日本のどこに大樹があるのでしょうか？

今はどんな企業も、安定や安心を約束してくれません。

日本企業のトップであるトヨタ自動車の社長が「終身雇用を守っていくのは難しい」と断言したくらいです。

さらに日本そのものが斜陽で、もはやかつての国力を持っていません。

こんな状況なのに、なぜ従来の「いい学校に行って、いい会社に勤めれば安心」という考えに沿った子育てをするのでしょうか。

じつは、従来の学校以外でも学ぶ場所は増えています。たとえば「ネット高校」は、すでに東大の合格者を出しているくらいです。

子どもの「キラキラ」を見つけるためには、旧態依然《きゅうたいいぜん》とした学校よりも、ネット高校に代表されるフリースタイルのほうが合っている可能性だって十分あるでしょう。

現在の親は、従来のシステムに頼らない教育をするべきなのです。

育児は育自。対等な関係で子育て・自分育てを

学校といえば、子育てに関する講演会を開催すると、不登校に関する相談を多くいただきます。

最近では、やっと不登校自体はよしとする風潮になってきて、私も同感ですが、そうすると多くの親は極端な考えに至ります。

子どもが一日中ゲームをしていても何も言いません。**学校へ行かないことと、学ぶのをやめることを一緒くたにしがちなのです。**

こういう極端から極端に走る親御さんは意外と多くて、ほかにもたとえば「過干渉しないでくださいね」と言うと、「では放置すればいいのでしょうか？」と返ってくることもしばしばです。

親は子どもを無理に学校に行かせなくてもいいでしょう。でも、子どもに学びの場を与え続ける必要はあります。それが学校でなくてもいい、というだけのことです。

また、親の過干渉は子どもの成長をはばむので避けるべきですが、かといって放置していたら、いつまでたっても子どもの「キラキラ」は見つけられません。

しっかりと見守ることとは忘れないでください。

このあたりのバランス感覚は難しく、この本を読んだあとでも、おそらく手探りでの子育てが続くことになると思います。

でも、それでいいのです。親だって完璧ではないのですから。

むしろ、完璧である必要なんてありません。親がそういう姿を無理して偽ろうとすると、子どもはかえって反発します。

ダメな姿、失敗する姿、ありのままの自分の姿を、包み隠さず子どもに見せていきましょう。

育児は育自でもある。これは私の持論です。

子どもを育てているつもりが、いつの間にか自分を育てている。あるいは、子どもと一緒に自分も育っている。これこそが子育ての本質ではないでしょうか。子育てをとおして、自分も成長していけばいいのです。

自分が親として成長すれば、子どもも成長します。本来、親子のつながりは縦関係ではなく横関係、対等の立場にいるのですから。

この本の中から、一つでも多くのことを親御さんが学べて、自分のものとすることができたら、きっと親子でともに成長することができます。著者として、これ以上の喜びはありません。

育児＝育自◆目次

第1章 「オワコン」を自覚している親は強い

第2章 学校に頼らない親ほど「育自」ができる

第3章 いつの時代も変わらない原理原則とは何か

第4章 変化に耐えうる子どもが、この先も生き残る

第5章 お金や人間関係、子どものトラブルとの向き合い方

第1章

「オワコン」を自覚している親は強い

結局、親は「一昔前の世代」の常識に過ぎない

子どもは、親の価値観の影響を大きく受けて育ちます。

でも、その親世代の価値観がそもそも古い、言ってみれば「オワコン」なのです。

たとえば、私は1976（昭和51）年生まれですが、親は団塊の世代です。この世代は戦後すぐの時代に幼少期を過ごしています。さらに言えば、親世代の親（祖父母）は戦前の生まれです。

つまり、私の親は戦前の価値観で、私を育てたことになります。

戦前生まれの親の影響を受けたうえで、戦後の軍国主義から民主主義の転換期に生まれ育ったわけですから、オワコンになるのは必然でしょう。


私自身には、平成後期生まれの娘が二人います。

彼女たちは、スマホ、パソコン、薄型テレビ、インターネット、サブスクやSNSが身近にあって、家の電話には出たことがない日常が当たり前です。

一方、父親の私が今の娘たちと同じくらいの年齢だったころは、携帯電話もパソコンもなく、ブラウン管のテレビは奥行があって大きく、ガールフレンドから家に電話がかかってくると、電話のコードを引っ張って自室で話すことが当たり前でした。

SNSだけを見ても、この十数年での変化は著しく、Facebook、Twitter、YouTube、Instagram、TikTokと、その移り変わりは激しいものがあります。

さらに近年は、新型コロナウイルスの影響を受けた2020年からの約3年間を経て、戦前・戦中・戦後と同じくらいの価値観の変化が起きています。

当事者として過ごしていると、無意識にでも自分なりに順応して生きてきたから、この変化を肌で感じづらいかもしれません。

でも、客観的に時代の流れを見てみると、この3年間で時代は大きく様変わりしてしまったのです。

これだけ急速な変化があったのですから、自分の価値観は自分の子育てにおいて、すでにオワコンになっていると自覚すべきです。

そのうえで、親は何をすべきかにフォーカスしましょう。

価値観は刻一刻と変化します。

何が正義で何が悪か、どこまでが常識でどこからが非常識なのか、各自で時代に合わせて判断すべきシチュエーションばかりになるでしょう。

そんな時代に、**親がオワコン化した価値観を子どもに押しつけていたらどうなるか、考えるだけでもおそろしい**ものがあります。親が自分の価値観を子どもに押しつけず、普遍的なことだけを考え、教えていく時代になったのです。

まず「自分の価値観はオワコンだ」と自覚するところからはじめましょう。

「元気でいてくれたらいい」と思っていたでしょ？

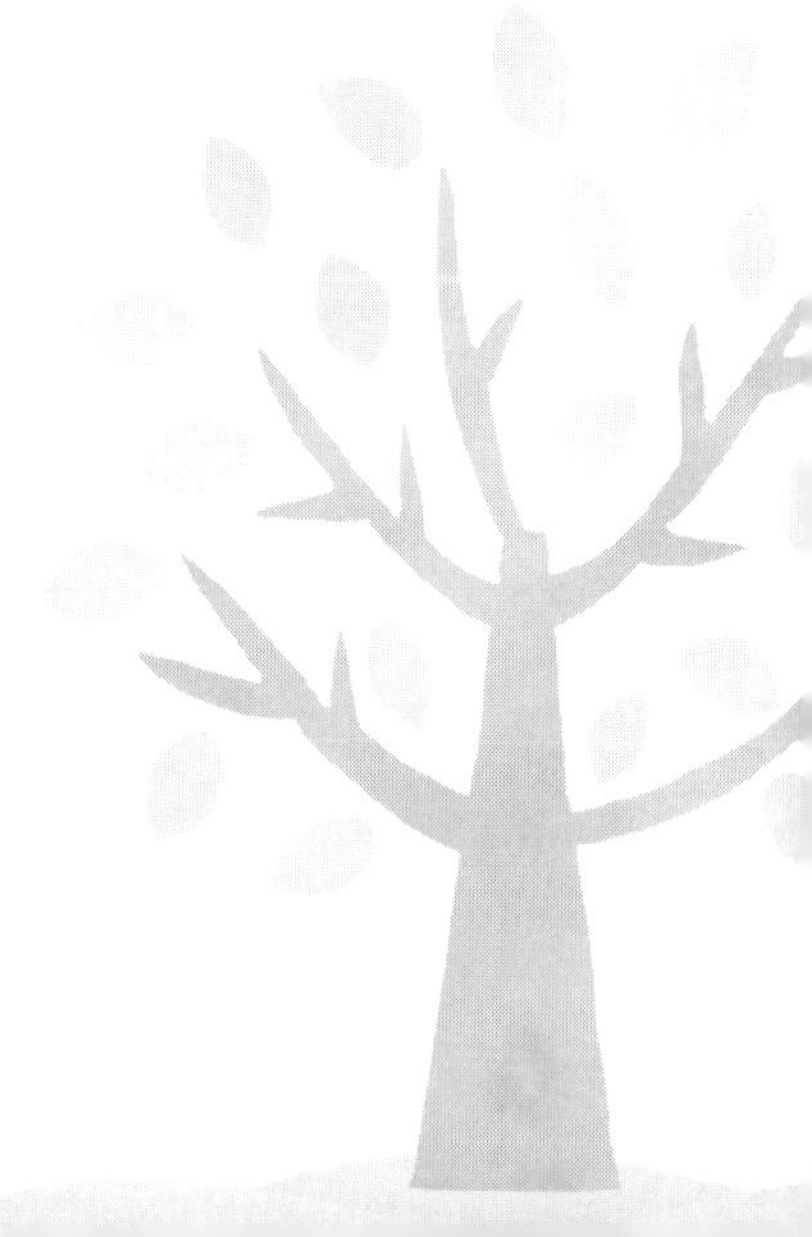

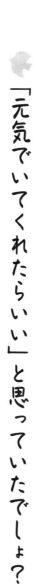

子どもを授かったとわかったとき、ほとんどの親はうれしいものですし、出産が待ち遠しくなるはずです。

きっと、生まれてくる子どものために身のまわりの物をそろえたり、わが子に「幸せになってほしい」「こんな人間に育ってほしい」と願いを込めて、画数を見て名前を考えたりしましたよね。

でも、そろそろ生まれるぞという時期になったら、それまでの願いは吹っ飛んで、「ただただ元気で生まれてくればいい」と願ったでしょう。

それなのに、生まれてからしばらくすると「うちの子は寝返りが遅い」だの「夜泣きがすごい」だの言い出す……。

ほんの少し前まで「元気でさえいてくれたらいい」と願っていたくせに、子どもへの不満がどんどん増えていくのです。

成長するにしたがって、幼稚園はどことか、うちの子はかけっこが速いとか、もう足し算・引き算ができるとか、どうでもいいことでマウントを取り合ったり、ほかの子どもと比較したり。

しかし、ここで親に気づいてほしいのは、子どもは「自分の家にちょうどよく育つ」ということ。

仮に、何か障碍《しょうがい》を持って生まれてきたとしても、長い目で見ると、自分たちにとって必要な子どもが生まれてきたということなのです。

どんな子どもであったとしても、親はありのままの子どもを受け入れて、子どもにもありのままでいてもらいましょう。

親自身も、ありのままの自分を受け入れ、子どもにさらしていくことです。そうすることで、必ず人生が豊かなものになっていきます。

わが子に「ない」ものを求める親より、「ある」ものに目を向けられる親に育てられた子のほうが、笑顔が多くなって、幸せになるので、ずっと元気で楽しくいられます。

親の願いをかなえてくれるのです。

育児＝育自

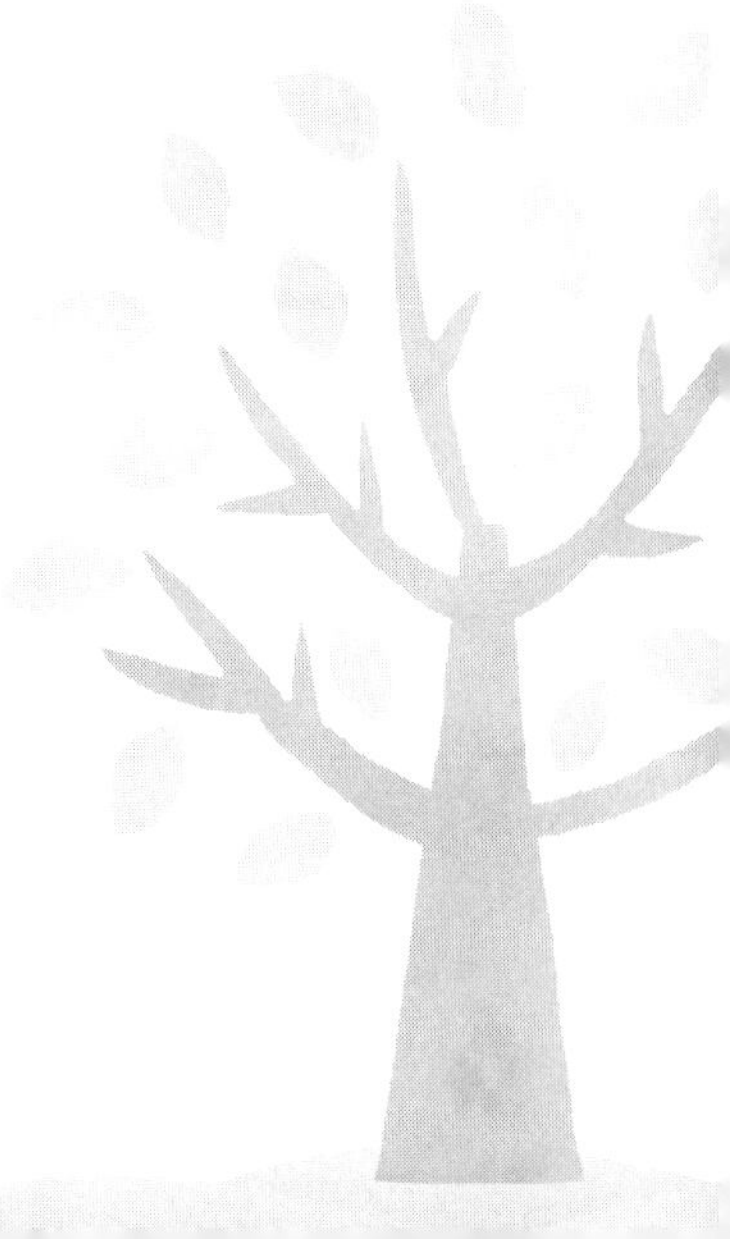

前項で、親は子どもの幸せを願っているはずなのに、それを忘れてしまう親が多いという話をしました。しかし実際には、それどころか老いてくると「子どもは親の面倒を見て当然」という親もけっこういるようです。

よく聞くところでは老後。でも、これは間違いです。自分の子どもに、老後の面倒をみさせようと思っている親が少なくありません。

親が老後とされる年齢に差しかかるとき、子は社会でちょうど脂が乗りきっているころです。子どもから手が離れて、やっと自分の時間ができるようなころでしょう。そんなときに、親の面倒は負担でしかありません。

私は自分の娘たちには、いつもこう言っています。

「パパとママが、自分で自分のことができなくなるようになったら、施設に入れて、会いたいときだけ会いに来ればいい。いちばん大事なのは、あなたたちが幸せに暮らしていることだから。この話を録音して、もし老後にパパたちが違うことを言い出したら、この音声を聞かせなさい」

娘たちが、自分の親と、自分の子どもを究極の選択で選ばないとならない状況になったら、親は見捨てていいと、迷わず子どもを選べと教えています。子どもが子ども自身の幸せを選べるようになってくれればいいのです。

子どもが育つにつれて、親も子離れしていかなければならないし、子どもに依存しないように、老後に向けて自立していくべきなのです。

育児は「育自」です。

子育てというのは親自身を育てる行為でもあります。育児をとおして親も成長していかないと、老後に子どもを苦しめる親になってしまいますよ。

#「つまらないことは人生の無駄」だと心得よ

親は、まず子どもの適性に気づいて、子どもが好きで向き合えることを見つけるのが大事です。

たとえば、もしも子どもがいやいや通っている習い事があるなら、そんなものはさっさとやめさせましょう。

わが家においては「つまらないことは人生の無駄」という考えです。

私は子どものころから、さまざまな体験をさせてもらいましたし、自分の子どもたちにもいろいろと体験してもらっています。

たとえば、二人の娘は今ピアノを習っていますが、これはピアノに慣れ親しんで、演奏することを楽しめたら人生が豊かになる、という理由からです。

別に、娘をプロにしたいわけではないので、ピアノ教室の先生にも「楽しく弾かせてほしい」とお願いしました。

ただ、娘が上達してくると、先生が「この子は才能がある」「やらせないともったいない」と力が入って、難しい課題曲を出されるようになりました。すると娘は、家でつらそうな顔をして練習するようになってしまいました。

私は「娘さんには才能があるから、今ここでやらせないともったいないですよ」と力説する先生に対して、失礼を承知で告げました。

「先生だって、才能豊かで音楽を志し、苦労されて、努力もされてきたと思います。ですが、現実には夢に描いていたであろうピアニストにはなっていなくて、今ピアノ教室の先生じゃないですか」

私は、何も先生をバカにしたつもりはありません。先生からすれば、つい欲が出てしまったのでしょう。

ただ最初からお願いしていたように、私は娘が40歳になっても、50歳になっても、ピアノを弾くことが心のいやしになったり、演奏を楽しめたりする人になってほしいだけなのです。

ですから娘には、弾きたくもない曲の練習で苦しくなってピアノを嫌いになってほしくないし、先生が期待するほどうまくならなくていいということを、改めてお伝えしたに過ぎません。

子どもがどんな習い事をするかは、親の願望で決められることも多々あります。

よくあるのが、自分が子どものときの夢をかなえたかったケースです。

また、子どもの苦手を克服するために、習い事に行かせる親も少なくありません。

ですが、そんなことをしても、子どもがつらいだけ、つまらないと思うだけです。

親の夢に子どもは関係ありませんし、習い事に行かせたくらいで苦手を克服できるなら、誰も苦労しません。人生の無駄です。

それよりも、子どもがキラキラする楽しい部分を、親として伸ばすことを意識してください。

人生のさまざまなポイントで「好き」を見つけやすくなりますので、そのほうが結果的にわが子の笑顔が増えて、人生が輝きます。

そのためにも、習い事は先生やコーチに任せっきりにするのではなく、親もきちんと子どもを見ることが大切なのです。

親子関係は対等。自分のことを棚に上げない

前項の習い事がいい例ですが、親は自分のことを棚に上げてしまいがちです。

よくあるのが「自分が苦手だから子どもに英会話を習わせる」とか「子どものころにあこがれていたけどかなわなかったから、子どもにピアノやバレエを習わせる」というようなパターンです。

いずれにしろ、自分のコンプレックスと子どもへの過度な期待が、ごっちゃになっているケースが多々あります。


また、いつも子どもに「勉強しなさい」と連呼する親もたくさんいます。

なぜ、そう言うかといったら、主な理由は次の二つです。

一つは、自分の親から勉強しなさいと言われて、がんばってきたタイプ。

もう一つは、自分が勉強してこなかったから子どもに言うタイプです。

いずれにしても、楽しく勉強してこなかったことだけは確かです。

自分にも欠点があるのに、子どもの欠点は直そうとする親も少なくありません。

こうなる原因はきっと、どこかで「親のほうが子どもより偉い」と思っているからでしょうが、子どもからしたら理不尽でしかないのです。

親のこうした姿勢は、子どもたちからすれば押しつけでしかありません。反発したくもなります。親は自分のことを棚に上げることをやめて、それよりも自分のありのままの姿をわが子にさらけ出すほうがはるかに大切です。

私の娘たちは私のダメさ加減をよく知っているから、ほとんど反抗的な態度をしてきません。

たとえば、ゲームセンターでクレーンゲームをやりすぎて、妻に怒られている姿も見ていますし、それどころか欲しい景品を吊り上げるために執着しすぎて、娘から「ねえパパ、もうキリがないよ」とたしなめられたこともあります。

ほかにも、髪を赤く染めて帰ってきたり、YouTuberになったり……いつも家族にありのままの自分を見せています。

「子どもよりも自分のほうが偉い」なんて思ったこともありませんし、いわゆる「ちゃんとしている親の姿」を見せたこともありません。

そもそも、親と子どもは縦の関係ではなく、横の関係を築いていくべきです。そのためには、親ができていない部分も、子どもと共有していく必要があります。

親も子育てしていく中で育つものです。むしろ親自身が育たないと、子どもも育ちません。

私は、**親子で互いに成長していく姿をオープンに見せ合わないから、子どもの親に対する過度な反発や、親が子どもに対する過干渉のような問題が発生する**のだと考えています。

子どもが反発して自分の言うことを聞かないという方や、どうも自分は子どもに過干渉になってしまうという自覚がある方は、今日からぜひ、わが子との横のつながりを意識してみてください。

子どもは親の持ち物ではない

親が子どもを持ち物のように勘違いすると、当然ながら自分の価値観を押しつけてしまいます。

よくあるのが、子どもが行きたくもない学校に入れようとしたり、望んでいない習い事をさせたり、子どもが仲よくしている友だちに口を出したり……ということです。覚えのある方も少なくないでしょう。

また、ふだんであれば「私は価値観の押しつけなんてしませんよ」という親御さんであっても、その姿勢がいつでも貫けるとは限りません。

先日、知人男性から聞いた話です。

彼の娘さんは現在、私大一貫校に通っているのですが、高校に上がると学部説明会があります。その際、娘さんの成績があまりにもよかったので、彼は先生から「医学部も狙える」などと説明されたそうです。

じつは彼も、ふだんは「大学や学部選びは娘の意向が最優先」と言っています。

ただ、このときばかりは「スゲエ!」と少し興奮してしまい、娘さんに「医学部、行ってみるか?」と聞いてみたそうです。

しかし、娘さんからは「全然興味ない」という返答。実際、まったく興味なさそうな表情に、我に返った彼は「パパも興味ない」で終わらせたと言っていました。

大切なのは、さまざまなことを子どもに体験してもらって、自分の子が何にワクワクしているか、キラキラしているかを見つけることです。

親が進ませたい進路や、親がやらせたい習い事や、親が好む交友関係を押しつけるのは、子どもを〝持ち物化〟している証拠です。

子どもが大きくなったときに、結婚する相手に反対するのも、日本ならではの悪《あ》しき文化でしょう。今でも「お前に娘はやらん」みたいな父親がいたりしますが、娘は親の持ち物ではないですよね、という話です。

ちなみに私は２０００年、23歳のときに結婚しました。

わが家のそれまでの常識では、一流ホテルで数百人規模のゲストを招いた披露宴がふつうでしたが、私は自分がプロデュースしたレストランで、当時まだあまりポピュラーではなかったレストランウェディングをおこないました。

親はいろいろ言ってきましたが、すべて無視です。メニューも全部私が決めて、仕込みもし、ウエディングケーキもつくりました。ご祝儀ではなく会費制にして、みなさんに来ていただける肩肘《かたひじ》張らない楽しいパーティにしたのです。

私の場合は、私自身が誰に何を言われようと平気なタイプなので、親の言うことを聞かなかっただけですが、多くの場合そうはいかないでしょう。

現状は、多くの子どもたちが親の言うこと聞いてしまっています。

子ども自ら、親を大切にしたいと思うなら素晴らしいことです。ですが、親が「親の言うことは絶対」みたいに強制するとか、子どもが一方的に委縮しているとか、相性のよくない親子が無理に近い存在でいようとすると、のちのち大きなトラブルを招くことになるだけです。

子どもに自立してもらうことは、言うまでもなく大切なことです。まずは親から、子どもの私物化をやめましょう。

小学校低学年までは感性を育てる大事な時期

赤ちゃんのころは本能的というか、動物的な側面が強いですよね。泣きたければ泣くし、よく笑うし、すぐ怒るし、喜怒哀楽が明確です。個人差はあるものの、たいていの赤ちゃんが似たようなものでしょう。

それなのに成長するにしたがって、いつの間にか泣かなくなったり、笑わなくなったりする子がいます。

親の使命は、子どもが感性豊かに成長するために、子どもがキラキラできることを見つけることです。小さいうちに、たくさん体験してもらうことが重要なのです。

子どもが体験できることは多々ありますが、なかでも重要なのは動物的な要素を含むものです。安全性を確かめてからが基本ですが、親が子どもを抱っこして川に入れば、水流を感じさせることができますよね。それが海なら、波を肌で感じられます。

山であれば夏は登山、冬なら雪山で一緒にソリをすることもできます。

自然の空気や、水の流れ、雪の冷たさ、季節の音、雨の匂い、木の感触……そういったものを五感で感じてもらいましょう。

自然と親しむ体験をたくさんするのは、とても大事です。

よく「どんな習い事をさせたらいいでしょうか？」と聞かれることがありますが、体を強くするために、スイミングスクールのような運動系の習い事はおススメです。さらに、絵と音楽の感性も伸ばしたいところです。

私は慶應義塾幼稚舎出身ですが、**いわゆる名門校のお受験は、勉強よりも体の強さと感受性が見られることがほとんど**です。右脳と左脳をバランスよく育てることがポイントとなります。

お受験では、クレヨンで絵を描かされるのですが、筆圧が強く、画用紙から絵がはみ出るくらいダイナミックな絵を描く子どもが受かったケースを多く見てきました。リズム感を養うために、音楽と触れ合いながら体を動かすリトミックも、子どもの能力を伸ばすのに適しているでしょう。

ちなみに、私のお受験対策で記憶に残っているのは、2～3歳のころから童謡《どうよう》をひたすら歌って覚えることです。ご参考になれば幸いです。

親の「無意識な過干渉」が、子どもの成長をはばんでいる

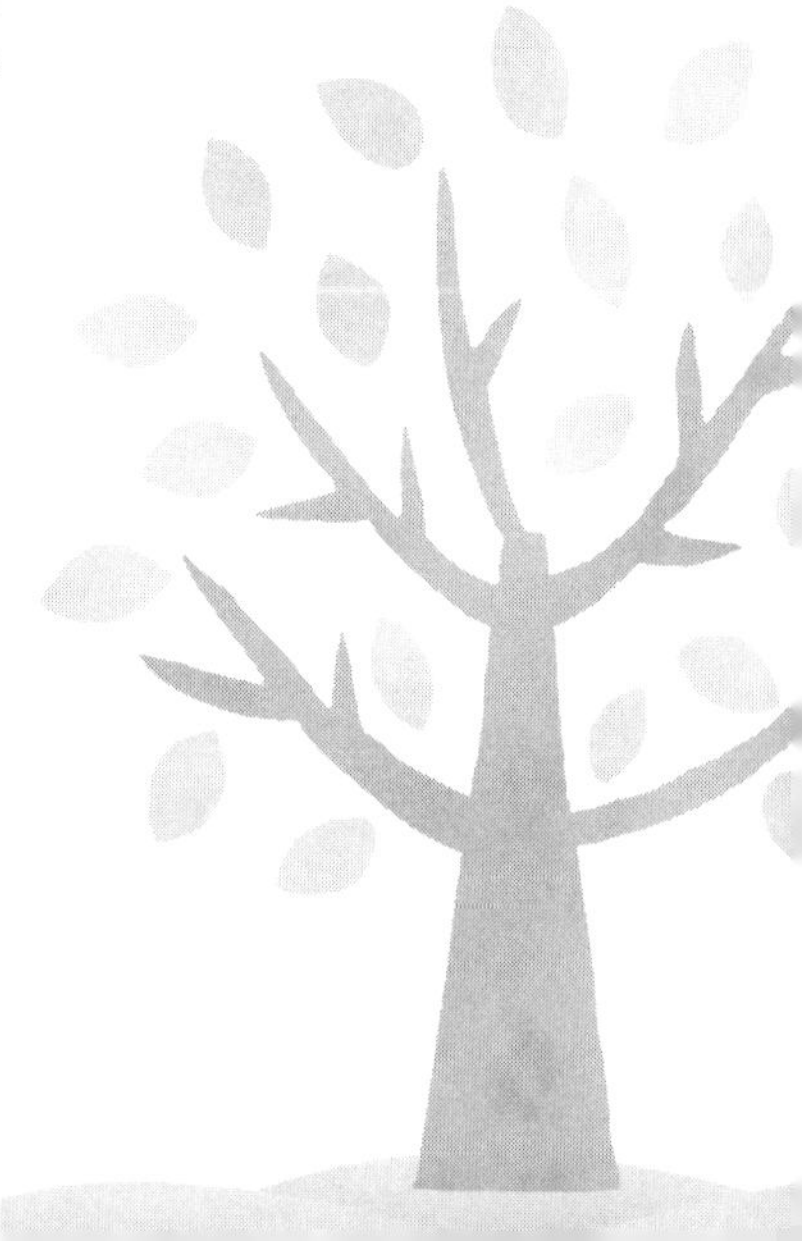

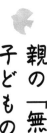

感性の話をしましたが、朝起きたら太陽の光を浴びるとか、暖かい季節なら裸足で芝生の上を走ってみるとか……そういったかつては〝ふつう〟と思われていたことをせずに、机上の勉強ばかりしている子は感性が鈍くなります。

そこまでは想像がつくでしょうが、せっかく子どもが楽しんでいるのに、過干渉でその流れをせき止める親も少なくありません。

無意識にそうしている親も多いようですが、これも子どもの感性を鈍化させるのでやめたほうがいいでしょう。

春先のことですが、ある公園で花見中に裸足で走り回っている子どもがいました。そこまではいいのですが、なぜかその親御さんは、子どもが近くに戻ってくるたびにウェットティッシュで足を拭くのです。

でもこれって、公園から帰るタイミングで十分ですよね。

いちいち親元に呼び寄せて足を拭いても、子どもはまた走り回るわけだから無駄な作業です。**むしろ子どもからすれば、親から呼ばれるたびに楽しい時間を中断されてしまいますから、無駄よりひどいといえます。**

あるいは、オムツがパンパンの状態で遊んでいる子のオムツを、無理やり交換するママもけっこういますよね。

しかし私からすれば、本人が不快に感じていないなら、そのまま遊ばせておけばいいのにと思ってしまいます。

そもそも、昔はオムツが布だったので、オムツしている子どものほうが不快だからトイレに行きたくなって、早くオムツがはずれたものです。オムツが不快でなくなった現代では、オムツがはずれる年齢が上がってきているくらいなのですから。

ほかにも、2〜3歳の子ども同士でおもちゃを取り合っているのを見かけると、親が仲裁に入ったりする話もよく聞きます。

でも、これだって過干渉です。お互いに泣いたり怒ったりしていても、少し放っておけば仲よく遊びだしたりします。子どもなりに、相手や空気を見ていますから、余計なお世話でしかありません。

いちいち足を拭くのも、過度なオムツ交換も、ケンカの仲裁も、親が余計なことをしていると、子どもの感性を育てる機会や成長するチャンスがなくなってしまいます。

　とにかく過干渉な親が増えています。**トラブルを未然に防ぎたいからかもしれませんが、子どもたちは自分でほとんど解決します。**

　ですから、親は余計なことをしないほうがいいですよ。

変化に耐えうる人材に育てる二つのポイント

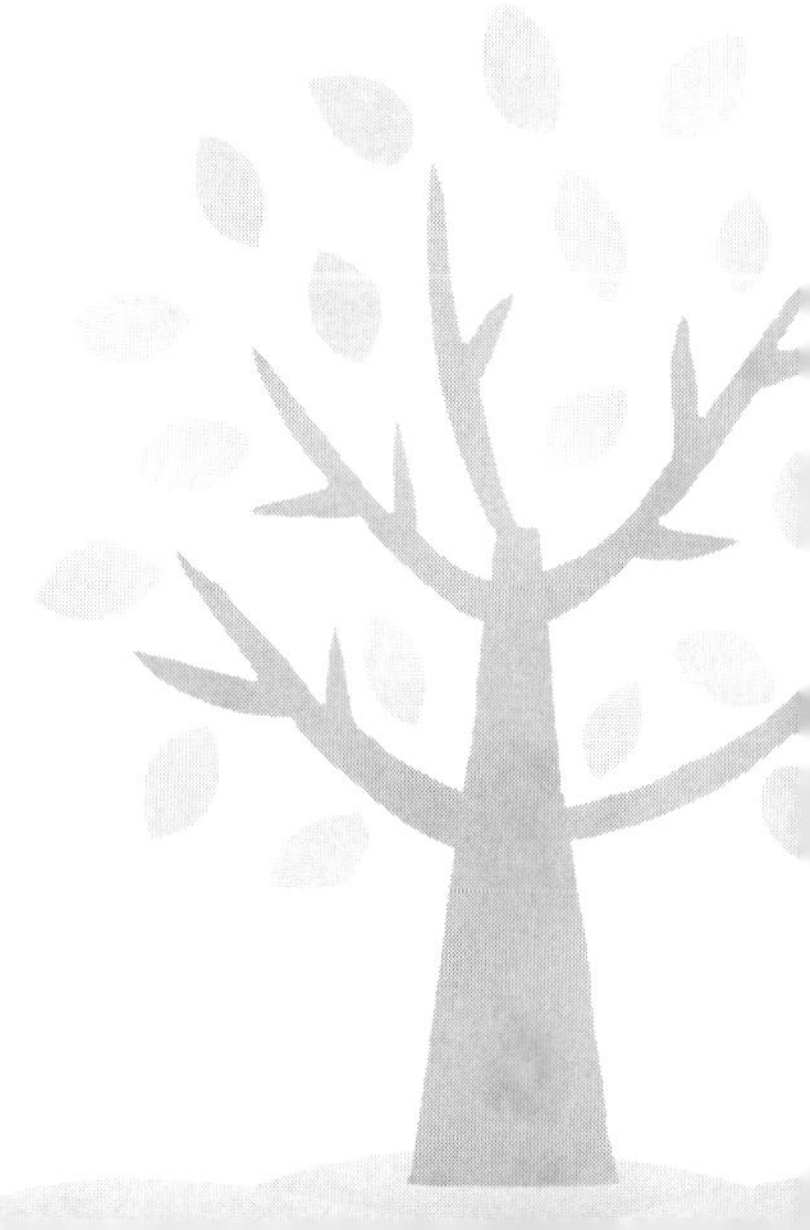

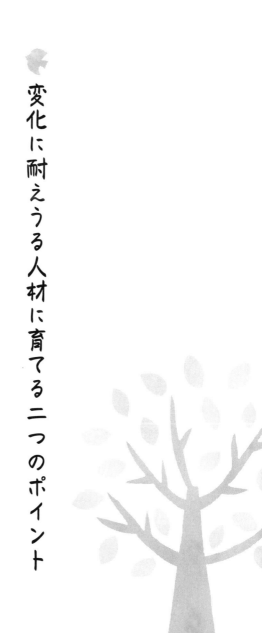

今でさえ変化の激しい時代ですから、これから先はもっと激しくなります。変化に耐えうる人間になることは必須ですが、そのためには、たくさん失敗を経験できるか、思い立ったときすぐ行動が起こせるか、この2点が大事です。

親が心がけることは、子どもがやりたいと言い出したことはすぐやれるようにすること、そして結果に固執しないことです。

そもそも、成果を残している人というのは、失敗した数も多い人です。たとえば、世界的に活躍するアスリートは、その典型でしょう。

多くの人は、彼らの「光」の部分にあこがれているわけですが、たくさんの失敗を経て成功をつかんだという背景もしっかり見るべきです。私は、努力と結果は比例しないが、経験値と結果は比例すると考えています。

私は現在、フードビジネスコンサルタントという仕事をしていますが、1993年の創業当時はそんな職業は存在していませんでした。

「外食産業に、コンサルなんていう口だけ出す人間はいらない」などと言われてきて、圧力をかけられたこともありますが、今もこの仕事を続けられています。

それができたのは、やはり挑戦し続けてきたことで、どんな変化にも耐えてこられたからです。直近ではコロナの影響は甚大でした。とくに飲食業界は、これまでの価値観や常識が通用しなくなってしまったのです。

ですが私自身は、これまでさまざまな失敗を経験してきましたから、ある程度の仮説を立てて動くことができました。レストランのデリバリー対応やECサイトの運営を提案するなど、さまざまな策を講じることで危機を乗り越え続けています。

もし、私の失敗経験が乏しかったら、失敗することが怖くなってしまい、変化することに躊躇《ちゅうちょ》してしまったかもしれません。

また、飲食業界が規制の対象となり、営業できない期間もあって、先が見えなくなったこともありました。しかし業界内では、じつは「数か月で落ちつくだろう」という楽観的な人たちが多数派を占めていました。

ですが私は、コロナがはやりはじめた2020年春の段階で、「今後3～4年はコロナのダメージを引きずることになって、その後もう二度とコロナ前の売り上げには戻らない」と思い、実際にそう言い続けてきました。

ですから、比較的早い段階で、先の対策を講じることができたのです。

私には経営者仲間も多く、世間的には「成功者」とされている方々ですが、そんな彼らも失敗経験が豊富ですし、思い立ったらスピーディーに行動しています。

子どものスピード感を養い、失敗への耐性をつけるためにも、親は子どもが「やりたい」と言ったことはすぐやれるようにして、その結果に固執しないことを意識しましょう。

努力と結果が比例すると思わない

前項で少し触れましたが、一般的には努力を重ねた先に成功が待っているとか、成功する可能性があるとされていますが、はたしてそうでしょうか？

また、努力というと、歯を食いしばってがんばるようなイメージもありますが、これもどうでしょうか？

先ほどアスリートの話を出しましたが、メジャーリーグで活躍する大谷翔平選手を見たとき、みなさんは彼が血のにじむような努力を重ねてきた結果、今があると思うかもしれません。

でも、大谷選手自身は「自分自身に才能があるとは思っていません。あるとすれば、好きなことをがんばりきれる才能、でしょうか。野球よりおもしろいことは見つからない」などと語っています。

本人からしたら、苦しくてつらい努力なんてした感覚はないのでしょう。好きだからやっているだけなのです。

日本のみならず、世界で活躍するアスリートたちは、客観的には努力が結実した一部の人たちです。そんな彼らでさえ、それぞれ結果が異なり、若くして引退する人もいれば長く活躍し続ける人もいます。

「こんなに努力してがんばったのに評価されなかった」と嘆いている人は、自分に向いていないことに努力しているケースがほとんどでしょう。

自分が本当に好きで向いていることに対しては、自然とハマっていくし、追求したくなるものです。もちろん、その過程で苦しいことも多いかもしれませんが、得るものだって多いはず。

私は、飲食業界におよそ30年間身を置き続けていますが、不眠不休でがんばってきた記憶なんてありません。客観的には大変な時期があったかもしれませんが、私としてはけっこう楽しくやってきました。

それはやはり、飲食業界が自分に向いているからです。

だから、はたから見たら「すごく努力した」と思われているかもしれませんが、私自身は苦しい記憶がないし、そもそもやりたくてやってきたから、努力した記憶もないのです。

これは、子どもでも同じです。

たとえば、一生懸命に必死で勉強している子よりも、好きで楽しく勉強している子のほうが、総じて成績がいいケースが多いでしょう。

この章で繰り返してきたことですが、何よりもまず、自分の子どもに向いていることは何か、好きなことは何か。

それを見つける手伝いをするのが親の仕事だと考えています。わが子が貴重な人生の中で、無駄な努力に時間を浪費しないためにも、親は自分の仕事を放棄しないでください。

価値観は変化する一方、普遍的な原理原則もある

時代は変化し続けるので、自分の固定概念を常識と勘違いして、新しい時代を生きていくのには無理が出てきます。あっという間にオワコンのできあがりです。

それでも、つねに何かにチャレンジし続けていると、新しい時代の価値観に自然となじみやすくなります。

たとえば、コロナ期間中にYouTubeをはじめる人が爆発的に増えました。そこで、コロナ前からYouTubeをやっていた先駆者は億万長者になりましたが、後発ではじめた人は手堅く稼ぐことはできるものの、なかなか先駆者には追いつけません。

しかし、せっかく時代に乗れたYouTube先駆者たちの中にも、チャレンジし続けた人と、慢心してチャレンジをやめた人とでは差が生じます。

人は、物事がうまくいきはじめると、その状況が永遠に続くと勘違いしがちです。ですから「もう大丈夫だろう」と慢心したYouTuberは、上位にとどまることが難しくなるのです。

みなさんが思い浮かべるYouTuberが何人かいたとして、ずっとトップを行くYouTuberと、消えていったYouTuberとの違いは、すぐわかるはずです。

また、時代によって価値観は多様化します。

かつて「オタク」というと、ネガティブな意味合いの言葉とされてきました。しかし現代においては「推し活」なんて言葉もあるくらいですから、むしろポジティブな要素のほうが強いかもしれません。

子どものオタク気質の要素、ドはまりできるくらい好きなことは、むしろ親が応援してみてください。子ども自身が、自分の価値観を貫きとおせる強さを身につけられるように、サポートするといいでしょう。

ところでオタクといえば、教室の隅に集まって暗い声でボソボソと、仲間内にしかわからない話をしているイメージをお持ちの方もいるようです。

いくら「時代は変化する、価値観は多様化する」といっても、人間はコミュニケーションを無視して生きることはできません。オタクであろうとなかろうと、きちんとコミュニケーションできる子どもに育てなければいけません。

子どもは、周囲の人とのコミュニケーションをとおして「自分」というものをつくっていきます。

幼稚園、小学校、中学校と、さまざまなタイプの友だちとのつき合いやコミュニティでもまれて、その時々で落としどころを見つけていくのです。

このタイミングで親がすべきは、子どもに「誰かと自分を比べない」「あなたは自分らしくていい」と教え、サポートすることです。

コミュニケーションを無視できないというのは、いつの時代になっても変わらない人間の原理原則です。第3章で詳しくお話ししますが、こうした普遍的なことはきっちりと教えていきましょう。

第2章

学校に頼らない親ほど「育自」ができる

軍国主義の名残が至るところにある

令和という時代になっても、学校教育は戦前からの維持・継続がメインで、変化を拒み続けているように感じませんか？

戦前の日本は軍国主義で徴兵制度があり、学校は軍隊を組織するための洗脳教育機関のようなものでした。

召集令状が来たらみんな素直に応じるしか選択肢はなく、軍隊に入ったら上官とやらの言うことを聞くのが当たり前の時代です。ですから、暴力や理不尽を許容して、統制してきたわけですよね。

それが戦後になって、一応、民主主義の教育に変わったということになり、組織の呼び名なども変わりましたが、教育の本質的なことは戦前と何も変わっていません。

その証拠に、日本では先生と呼ばれる人や、警察官などの制服を着ている人たちが偉いとされています。

彼らが権力を握って、権威というものが重要視されてきました。

私の世代では、ほとんどがそういった感覚の先生ばかりでしたし、いまだにその感覚を捨てきれていない先生も少なくありません。

日本の学校教育は、そんな古い感覚の人たちがつける成績で偏差値が決まり、受験する学校まで絞られるというシステムなのです。偏差値を上げるためには、平均的にすべての教科の点数を上げなければなりません。

そして子どもは、もっと公園で遊びたいのに、無理やり勉強させられて、大切な時間を詰め込み教育に費やしてきました。

そういった文化は、もうやめにしましょう。

いまだに学校の成績に一喜一憂している親もいますが、そんなものは戦後教育の遺産みたいなものです。時代遅れとしか言いようがありません。

つまり「先生の言うとおりに勉強して、いい成績を取り、いい学校を出て、いい会社に入れたとして、前時代的な価値観での〝いい会社〟に未来はあるのですか？」ということです。

戦後から平成にかけて、給料が高く安定していて、あこがれの大企業ともてはやされていた会社の現状を見てください。金融系やマスコミなどの大手も、今となっては将来的にも安定している〝いい会社〟ではなくなりつつあります。

ものすごいスピードで変化する時代に生きていて、安定なんてものはそもそもないのです。ですから、**学校教育も旧態依然とした成績重視ではなく、学校生活をとおしてあらゆる可能性を見つけ出す教育に切り替えるべき**です。

古い価値観に生きている先生から成績をつけられていると、自己肯定感の低い子どもが育ってしまうだけです。これでは、学校の勉強ができる子か、ごく一部のスポーツが得意な子だけが優秀ということになってしまいます。

すべてにおいて「並」レベルの子のほうが圧倒的に多いのです。その子たちが輝ける可能性を見つけるべきなのです。

日本の学校教育は塾がないと成立しない

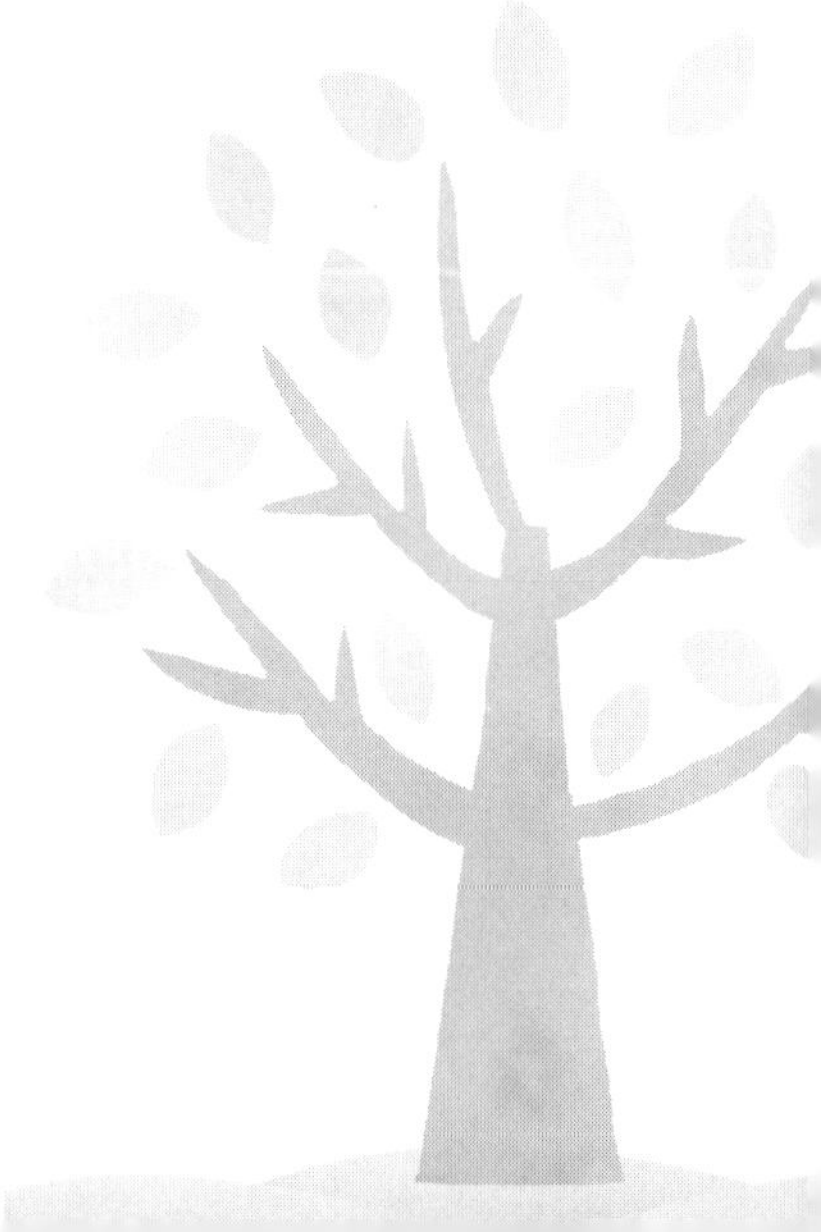

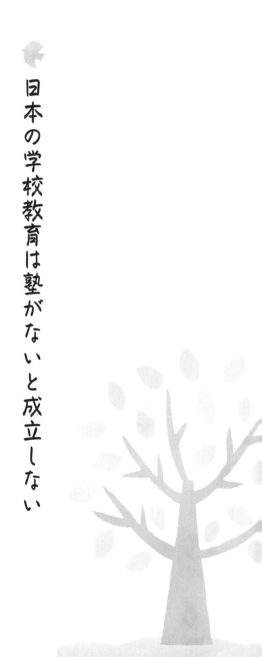

「安定」というものが不確実になりゆく世界では、個の可能性が重要です。
それなのに、相変わらず学校では、なぜか子どもたちを同質化させようとします。全員に同じ制服を着させて、同じ教科書を同じペースで読ませます。時代の流れと逆行した教育がなされているのです。
変化に弱い日本という国を象徴しているかのようです。

いわゆる「優等生」を大量生産する、詰め込み式の教育には限界があります。
たとえば、私が習った当時「いいくに（1192）つくろう鎌倉幕府」と年号を覚えましたが、現在、鎌倉幕府の成立は1185年らしいじゃないですか。覚えたものが変わっていて役に立たない……そんな教育は本当に無駄ですよね。

マニュアル社会というか、決めたとおりに授業を進めなければならないということ自体が、変化の激しい現代においてはオワコンです。

歴史の授業なんて、そもそも決めたとおりの進行すらできていません。歴史の授業はたいてい、古い時代から新しい時代に進められますが、いちばん肝心な現代までたどりつかない学校がほとんどです。

つまり、時間配分すらできない先生が授業をしているということです。開き直って「残りは塾で習え」という先生すらいます。

また、日本の学校教育は個性や個人差を認めないので、歴史が好きでどんどん先に進みたいという子がいても、遅れている子に合わせがちです。**結果、全体的に授業は遅れがちになり、その科目が好きな子どもの可能性をもつぶしてしまうのです。**

もちろん、子育てに熱心な親御さんであれば、学校に頼らず塾に通わせるなどして、子どもの才能を伸ばすこともできるでしょう。しかし裏を返せば、日本の学校教育は塾がないと成立しない構造になっているということです。

学校や先生への「神聖視」をやめる

名門校や伝統校を神聖視して、まるで「この小学校に入ったからわが子は一生安泰」と言わんばかりに喜んでいる親がいます。また、よその子と比べて「うちの子のほうがいい学校に通っている」などと、マウントを取る親もいますよね。

私も、世間的に名門校と呼ばれる学校の卒業生なので断言しますが、世の中そんなに甘いものではありません。

いくら名門でも、小学校に入っただけで一生安泰なわけがありませんし、今はよくても将来的によその子に逆転される可能性だって多分にあります。

そもそも、どんなに親が願い、苦労して入れた学校であっても、肝心の子どもと学校の相性が悪い可能性だってあるのです。

私が通っていた慶應義塾幼稚舎（勘違いされる方もいますが幼稚舎＝小学校です。幼稚園ではありません）は、やや独特な校風なので、どこまで参考になるかはわかりませんが、子どもたちの自立をうながす校風であることは確かです。

まず、小学校1年生から6年生までクラス替えがなく、担任の先生も同じです。担任によって教育方針が異なるので、慶應義塾幼稚舎の中でも生徒の育ち方が変わります。

ただ、６年間逃げ場のないコミュニティにいることで、社会の理不尽や、不公平な世の中を学ぶことができます。社会は不公平でトラブルが起こることが前提なので、クラス内のいじめをなくそうともしません。

それでも子どもたちは、６年間そのコミュニティにいなければならないので、自分たちだけで帳尻を合わせるようになります。先生によって干渉する度合いは異なりますが、基本的に先生は子どもたちでトラブルを解決することを待つのです。

また、中学校から落第制度があります。上の学年に上がれなかったらそのままもう１年、同じ学年をやるのです。私も高校時代ですが、問題を起こしすぎて一度落第しているので、高校は４年間通いました。

福澤諭吉先生の教育は、社会に出たときに活躍できる人材の輩出が目的なので、慶應義塾では社会で起きうることを幼少期から学ばせているのです。

いかがでしょう。慶應義塾幼稚舎というと、お金持ちの子息が通っているイメージがあり、実際にそうなので、問題が起こらないように敏腕教師がビシッとクラスを管理している、と思われていた方も多いのではないでしょうか。

私自身は慶應義塾出身でよかったと思っていますが、これをお読みになった親御さんの中には「うちの子には合わないかな」などと感じた方もおられるでしょう。

これは一般的な公立の学校でもいえることですが、あまり学校や先生を神聖視しないことです。**名門校に行けば安心というわけではありませんし、先生に任せておけばいいということもありません。**

学校や先生を神聖視、絶対視することはやめましょう。

不登校でも学ぶ機会を奪ってはならない

子育てに関する講演会やセミナーを開催すると、必ず不登校に関する相談を多くいただきます。

ようやく、不登校自体はよしとする時代になってきてはいますが、学校へ行かないことと、学ぶのをやめることを一緒くたにしている人がいるのも事実です。

話を聞いていると、子どもが家で一日中ゲームをしていたり、昼夜逆転で日中はずっと寝ていたりなんてこともあるようです。

学校には無理に行かせなくてもいいでしょう。でも**親は、学ぶことの大切さを、子どものときに教えるべき**です。

そもそも学ぶということは何かといえば、子どもが楽しい、おもしろいと思ったことについて、もっと知りたいという探求心から、自分で調べて知識を深めていく、というのが私の考えです。親ができるサポートはいくらでもあります。

たとえば、プログラミング教室に行かせてみて楽しそうにしていたなら、パソコンを買ってあげてもいいでしょう。

また、学ぶ習慣をつけるということも大事です。その意味では公文《くもん》は最強でしょう。

ひたすら枚数をこなすという習慣化の究極の形ですから、いやいや学校に通わせるよりも学ぶ習慣が根づきます。

とにかく不登校中でも、子どもの「知りたい」という好奇心をそがないように、さまざまな体験をしてもらって、何かしら学ぶ時間を設けることです。

先のことはわかりませんが、子どもは一時的に不登校になっているだけかもしれません。子どもなりに、社会に戻ろうとするときが来るかもしれません。戻ったときにコンプレックスだらけにならないよう、学ぶ機会は親がつくっておきましょう。

学校にこだわらない。学びの場は無限にある

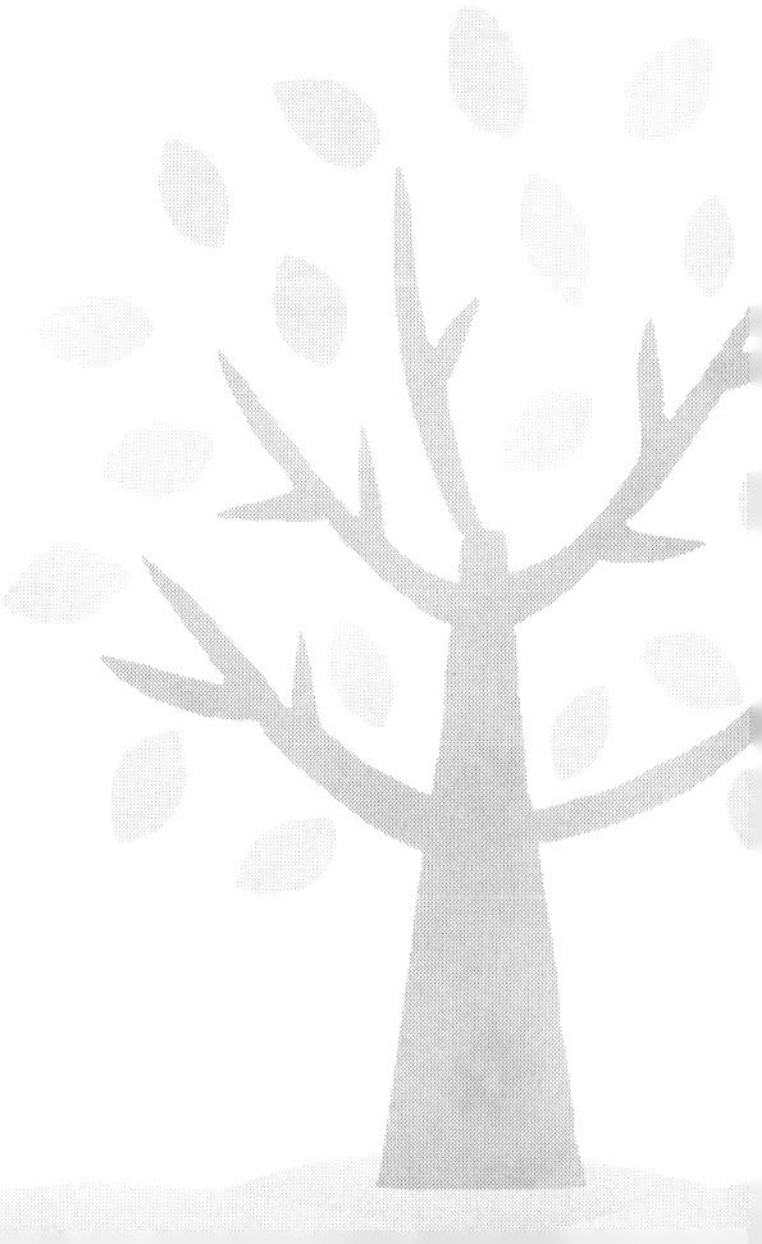

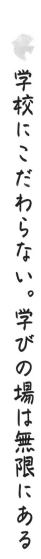

これまでのように、通学する学校だけではなく、今は「ネット高校」というスタイルが登場してきました。

ネット高校とは、インターネットと通信制高校の制度を活用した新しい高校で、自分の好きな場所で学び、最終的には高卒の資格が取得できる学校です。

近年、このネット高校も充実してきていて、東大合格者も出しているくらいになっています。ですから**「ネット系の高校なんて」などと時代遅れなことは言わずに、試してみる価値はある**でしょう。

前項でも触れましたが、私は「学校には行かなくてもいいけれど、学びをやめてはいけない」と考えています。

自由なスタイルのネット高校は「自分の好き」を見つけやすい場所でもあるでしょうから、既存の学校よりも向いているお子さんがたくさんいるでしょう。

よく「やはり通学しないと、生徒同士のつながりがなさそう」と思われる親御さんもいますが、心配はいりません。リアルでのオフ会や部活的な活動もあるようですし、それこそ学校に頼る必要はありません。

たとえば、地元のクラブチームなど、学校以外のコミュニティに属することもできます。本当に「学校でなければできない」ことは減ってきていて、学びの場は無限であると感じさせられます。

従来の「せめて高校は卒業して」「大学は出ておきたい」のような、とりあえずの学歴社会の時代は本当に終わっていくでしょう。

そもそも、日本で一流とされている私立大学だって、世界的なランクで見たらTOP100にすら入っていません。私大の評価は、これから変わっていくでしょう。

今は知名度が低くても、エッジが利いた大学なら化ける可能性だってあるし、外国の名門校が日本に開校するケースだってあります。

ですから、親の先入観や常識で選ばず、自分の子どもにとってどんな環境がいいのかを見極める努力が、今後ますます必要となってくるでしょう。

優等生・劣等生の評価を下す先生の正体

優等生というとさまざまな解釈がありますが、やはり一般的には、大人がコントロールしやすくて、大人の言うことをよく聞き、決して反発しない、あらゆる教科を平均的にこなせるというのが、日本における優等生のイメージでしょうか。

つまり優等生とは、先生にとっての優等生であるということです。

先生の命令にしたがう子どもがいい子であり、いい学校に入ることがいいことだと教えられてきた、ある意味でかわいそうな子どもといえます。

そもそも学校の先生は、子どもの一生に責任を持ちません。子どもを一方的に優等生だと決めつける、そんな先生には疑問を持ったほうがいいでしょう。

1976(昭和51)年生まれの私の時代なら、学校の先生たちは戦争経験者に育てられていた世代です。

つまり、軍国主義的な教育が心地よかった人も多いのです。

枠にはめ込む教育を受けた人たちでもあって、その教育スタイルが気に入ったから教師になったとも言えるでしょう。

さらに、根本的な問題もあります。

先ほど「歴史の授業が現代までたどりつかない」という話をしましたが、小学校においては音楽や美術、体育などの例外を除けば、基本的に全教科を同じ先生が見るという従来の教育システムを続けています。**極めて専門性が低いと言わざるを得ません。**

そんな先生に子どもの優劣をつけられているということを認識すべきです。

もっとも、専門的であればいい、というわけでもありません。

私の高校時代に「授業ではシェークスピアしか読まない」という英語教師がいました。シェークスピアなんて、日本語で読んでもわかりません。そのうえ、教師の発音が悪くて何を言っているのか聞き取れませんでした。

そんな先生から、子どもたちは成績をつけられているのです。当事者からすれば、たまったものではありません。

勉強がおもしろくない子どもがいたとしたら、それはほとんど教える側の問題と言えるでしょう。

今この時代に、
枠にはまる人材でいいのですか?

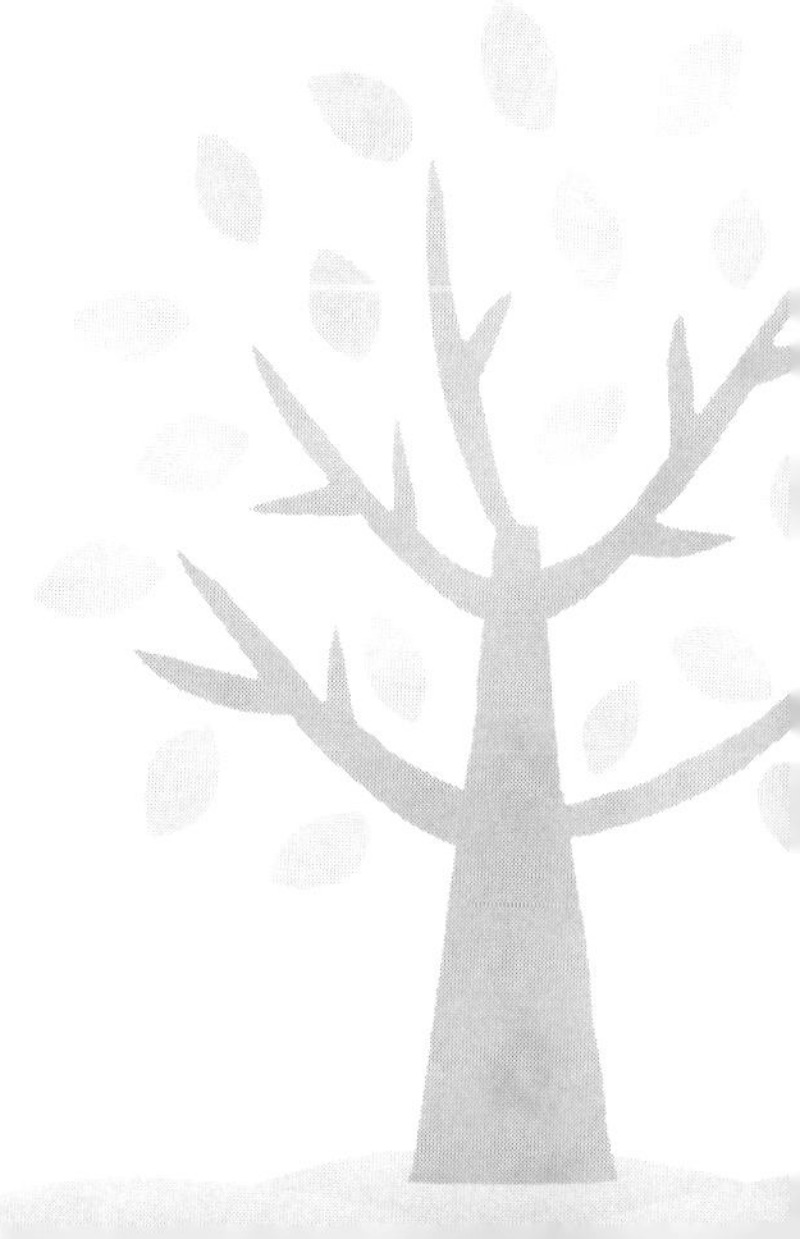

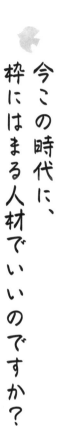

長いこと安定していて、将来有望と見なされていた大企業でさえ、足元がグラつく時代になっています。企業どころか、日本という国自体が、かつての国力を失っているのが現状です。

それなのに、学校ではいまだに枠にはまる人材を育てています。国や企業といった枠そのものがグラついているというのに……。これでは、もう新しい時代に対応できなくなっていくでしょう。

だからこそ、これからの時代は、親が教育というものについて、もっと考えていかなければなりません。学校に行っても行かなくても、その子の可能性を見つけだすことは必須です。

何と向き合っているとき、わが子がキラキラ輝いているかを探しましょう。

もっとも、キラキラした可能性の種は、そう簡単に見つかるものではありません。親が根気強く、子どもにたくさんの経験を積ませることです。子どもが時間を忘れて熱中しているとか、とびきりの笑顔で楽しみながら取り組んでいるとか、ていねいに細かく観察していくと、なんとなくでも道筋が見えてきます。

たとえば、すべての教科において、万遍《まんべん》なく優秀な成績を取る子どもがいたら、親のほうから「すべての教科をがんばってやることないよ」と、声をかけてみてはいかがでしょうか。

そういう子どもは、問題なく大学に行けるでしょうから、成績に固執せず、好きなことに専念して問題ないでしょう。音楽でもいいし、絵でもいいし、スポーツでもいい。そこからその子のほかの可能性が見えてくるかもしれません。

また、大学の学部選びの段階で、就活にあまり役に立たなそうな学部を選んだとしても、そこで学びたいなら入ればいいでしょう。

大学は好きなことを学べる学部よりも、就活に役立つ学部を優先する傾向にありますが、就職のための学部探しはもうオワコンです。

なんせ、もう企業のほうに体力がないのですから。

ですから、そこで何をしたいか、何にワクワクするかのほうが大切です。最終的な着地（将来の職業）とズレることがあるかもしれませんが、目の前にやりたいことがあるなら、そちらを優先してみるほうがいいでしょう。

というのは、目の前のやりたいことを追求していくなかで、想像しえない異なる選択肢が出てくる可能性があるからです。子どもの可能性を狭めてはいけません。本当に自分がやってみたいことを学んだらいいのです。

ただ、好きなことでも、掘り下げていくうちに苦難も訪れますし、超えられない壁も出てくるでしょう。好きではじめたことなのに、いつしか「何のためにやっているんだろう」と思うことさえあります。

「好き」を仕事にしていい時代にはなりましたが、これは甘言《かんげん》にならないようにとらえてほしい言葉でもあります。「好き」は入り口に過ぎません。ふわっとした気持ちで、好きを仕事にすると、もっとそれを好きな人に負けるだけです。

その点は親御さんもお子さんも、ぜひ留意してください。

「1万時間の法則」を意識しよう

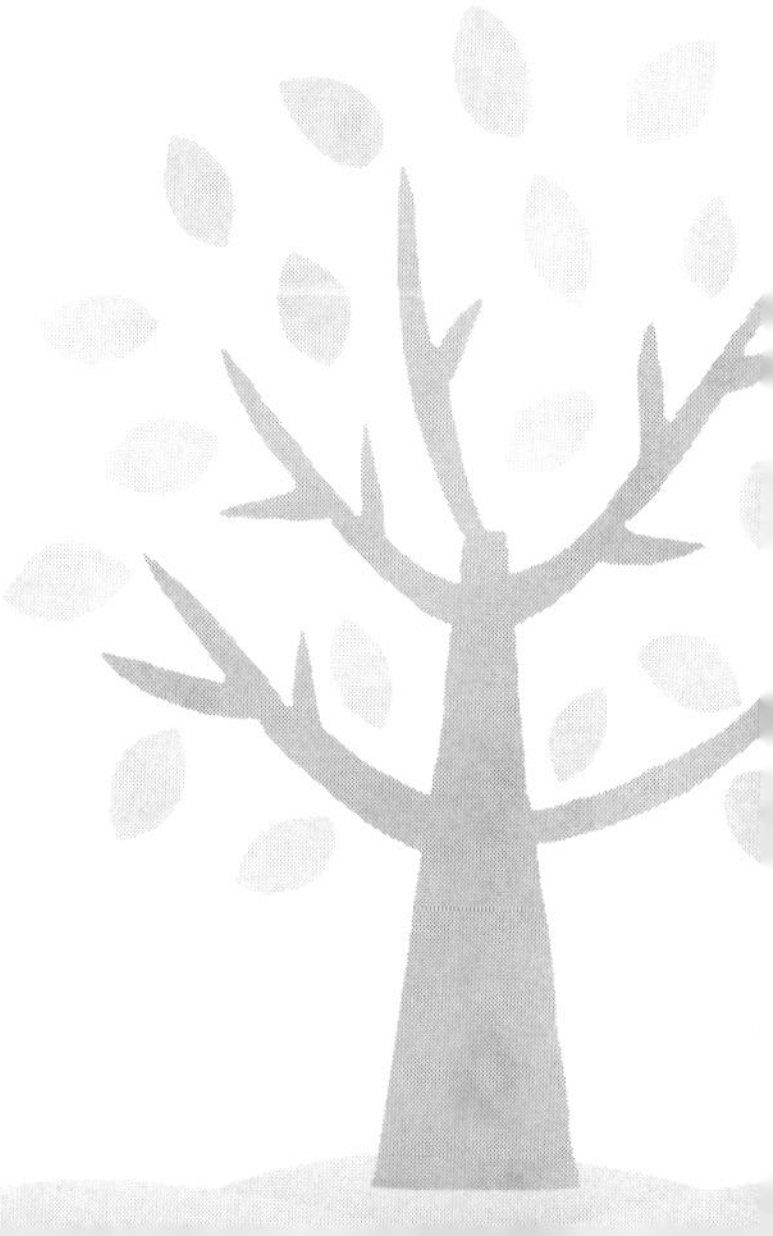

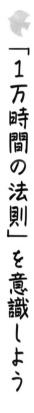

何かを習得するためには、1万時間の練習が必要だという「1万時間の法則」という論文があります。

それによれば、**何でもいいから1万時間やってみると、匠《たくみ》クラスになれる**そうです。

この法則を知ったころ、私はすでにブラック労働が基本だった飲食業界に身を置いていました。一日18時間労働なんて当たり前……。でも、そうであれば、私が1万時間に達するのは早いということに気づきました。

一日8時間労働では、1250日かかります。仮に年間300日働いたとしても、4年以上かかってしまいますね。

でも一日18時間なら、約555日です。しかも私は、休みなく働いていたので、2年もかかりません。

当時の私は、その日働いた時間を手帳に書いて、日曜のマスに週の合計を計算し、月末に総合計を出して、残り○○時間ってカウントダウンしていました。1万時間に達するのを楽しみにしていたのです。

私の例は今の時代にそぐわないかもしれませんし、好きなものであれば労働で拘束されるべきというわけでもないでしょう。

楽しかったけど、あの時代に戻りたいかと問われたら、絶対イヤです（笑）。

でも、**一つのことに没頭して、毎日取り組む時間を持つということは大事**です。スキルを可視化するためにも、マンネリでダラダラやる時間も含めて、1万時間の法則を頭に入れておくのはアリだと考えています。

第3章

いつの時代も変わらない原理原則とは何か

明治生まれのおじいちゃんの原理原則とは？

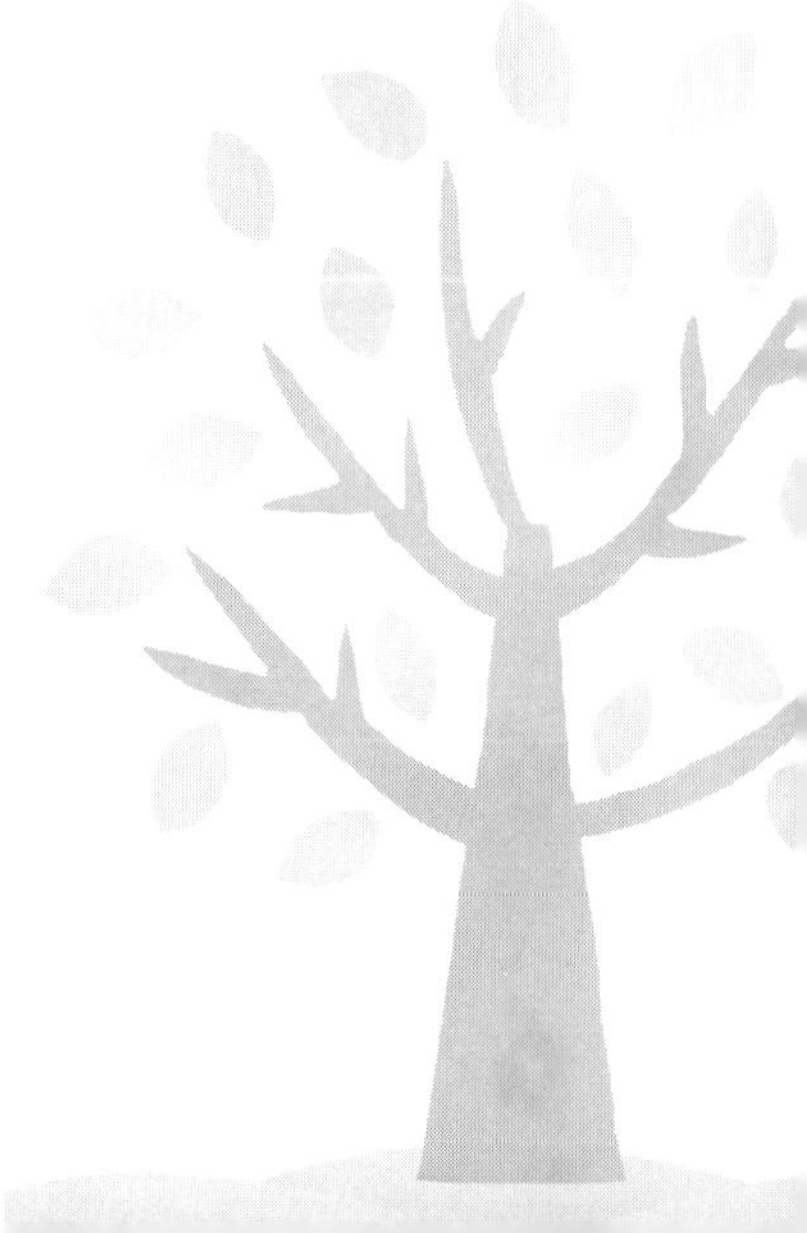

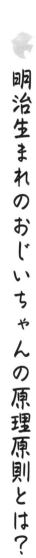

私の曽祖父は永田雅一《まさいち》といいます。映画会社の大映《だいえい》を一人で築き上げ、一人でつぶしてしまいました。世間からは「永田ラッパ」と呼ばれ、毀誉褒貶《きよほうへん》の激しい人でしたが、私には最高の曽祖父でした。

そんな曽祖父を、私は「おじいちゃん」と呼んで慕っていました。

明治生まれのおじいちゃんでしたが、私をとてもかわいがってくれました。まだ幼かった私を膝《ひざ》の上に乗せて「いいかい、これが永田家の帝王学なんだよ」と、いくつもの教えを授けてくれたのです。

おじいちゃんから学んだことは多々ありますが、それは変化が著しい時代になっても変わらない、普遍的なことばかりでした。それは私がこれまで仕事をするうえで、もっとも役立ち、また私を成功に導いてくれた教えといっても過言ではありません。

それは**「人を笑顔にする仕事をしなさい」**ということ。

つまり、自分を中心にして考え、まずは自分を笑顔にし、自分に関わる近い距離の人から笑顔にしていきなさい、ということです。

私は長年、フードビジネスコンサルタントとして、さまざまな飲食店に関わっていま す。かつて、あるチェーン店Aのコンサルをしているときに、笑顔の力について再確認 できる象徴的な出来事がありました。

当時チェーン店Aは、その業界では3位くらいで、絶対王者であるチェーン店Bが存 在していました。

ときどき見かけますが、業界のライバル同士が隣に出店し合うことがありますよね。さ らに言えば、Aで働くパートさんと、Bで働くパートさんとが知り合いということも珍 しくありません。

Aをコンサルするにあたり、私はとにかく店を楽しい雰囲気にするよう心がけ、つね にパートさんたちにも感謝を伝えていました。

すると、ほどなくして、Bで働いていた主要なパートさんが、Aに移ってきて働くよ うになりました。聞けば、このパートさんは、Aで働くパートさんと子どもの学校が同 じで、PTAなどの活動でも近しい関係にあったそうです。**その場を通じて、Aで働く パートさんからAの楽しい雰囲気を聞き、BからAに移ってきたということでした。**

当時、この業界は安売り合戦を繰り広げていましたが、私の戦略でAは安売り合戦をやめていました。すると、なぜかAの売り上げがどんどん伸びていったのです。

それには、Bの主要なパートさんがAに移ってきたことで、Bではシフトが組みづらくなり、スタッフ全体が疲弊《ひへい》しはじめて接客も雑になっていった……という背景があります。一方、Aは、勢いある営業ができるようになり、さらにいい流れが生まれていったのです。

あるとき、Bから移ってきたパートさんのご家族が、Aに食事をしにいらっしゃいました。そこでパートさんのご主人がおっしゃっていたことを覚えています。

「妻がBで働いていたころは、いつもつかれきっていて、夕食に出来合いの総菜や冷凍食品が出てくることも多かったです。でも、Aで働くようになってからは、スポーツのあとみたいにすがすがしくて元気だから、家族全員が明るくなっちゃったんですよ」

Bで働いていたころは、家族でBに食事に行くなんてことはなかったのに、Aには来てくれました。

つまり、パートさんを笑顔にすることで、その家族も笑顔になり、店としても大きくプラスになったのです。

おじいちゃんの「人を笑顔にしなさい」という教えの大切さを、改めて認識した出来事でした。

人を笑顔にすれば、その笑顔の輪が広がって、結果的にお金がもらえます。いつの時代でも変わらない原理原則なので、ぜひ覚えておいてください。

たとえ子どもでも、目の前の人を笑顔にしよう

飲食店では、お客様への気遣いはできるのに、納入業者さんに対して「業者」などと失礼な言い方をしたり、ぞんざいに扱ったりすることも珍しくありません。

私は必ず、コンサルしている飲食店のスタッフには、納入業者さんも大切にするよう指導しています。

それは、何も特別なことではありません。いつも食材などを配達してくれる人の名前を覚える、きちんと挨拶《あいさつ》をする、暑い日には冷たい飲み物を出すといった些細《ささい》な気遣いばかりです。

そうしたことを当たり前に続けていると、納入業者さんの配達スタッフは、うちの店をひいきしてくれるようになります。

ほかの飲食店がうちと同じ金額を支払っているとしたら、肉でも魚でも野菜でも、コンディションのいいものを、まずうちに納入してくれるようになるのです。

配達員さんと親しくなれば、当然プライベートな情報も知れるようになります。そこで誕生日にはお祝いしたりしていると、そのうち、ご家族で食事に来てくれるようになります。

目の前で接している人の背景には、さらにたくさんの人がいるのです。

近い人から笑顔にしていくと、まだ会ったことのない人からも感謝されたりすることもよくありますよね。

これは子どもでも同じです。たとえば、家に遊びに来た子どものお友だちをもてなしたら、その親御さんからていねいなお礼をいただいたこともあるでしょう。

つまり、**目の前の人を笑顔にするということが、どれほど大切かということ**です。

そのためにも、まずは自分が笑顔でいること。自分が満たされているから、余裕が生まれて相手を笑顔にすることができます。

「人からの評価を気にしない」
「計画よりもまず行動」

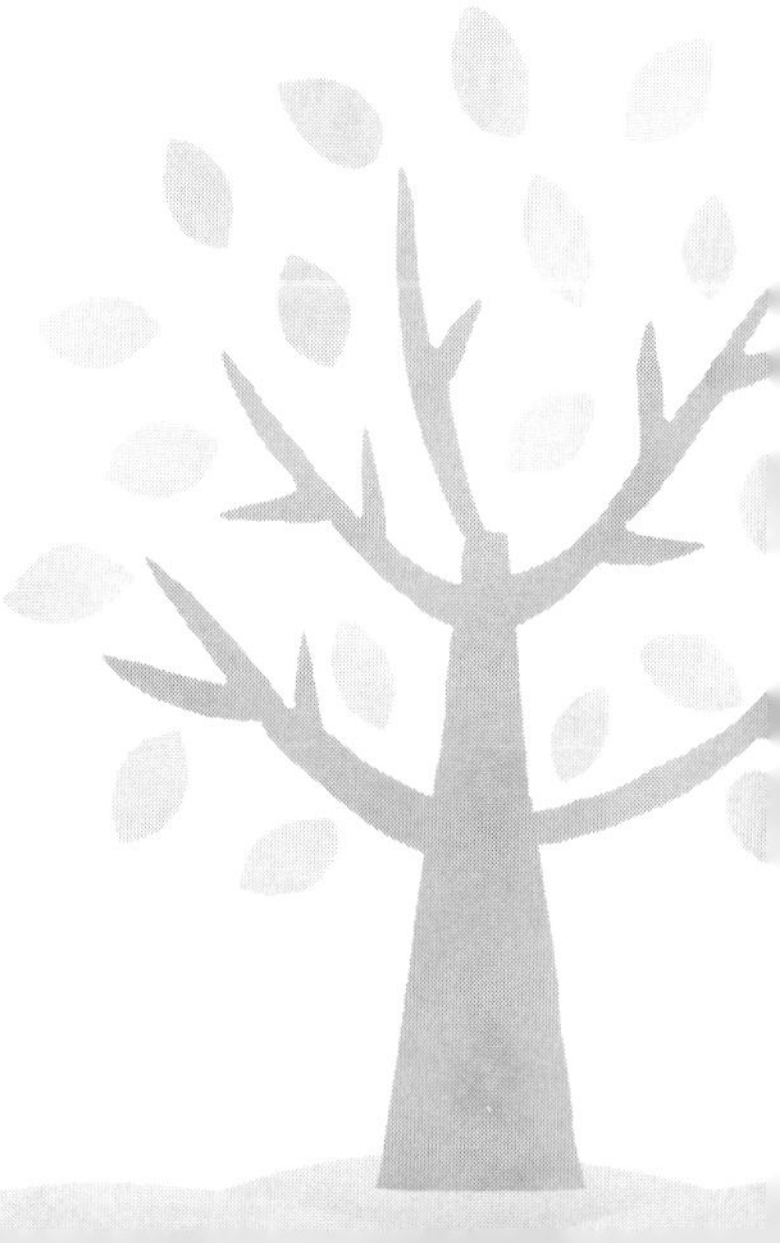

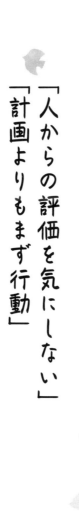

「人の目を気にするな、人の評価を気にするな」

おじいちゃんは私が成績表を持ち帰ると、必ずこう言っていました。

「くだらん大人がお前を評価しているけれども、お前はいつでも100点満点だ。スペシャルで、天才で、才能豊かで、可能性に満ちあふれている。大人の評価なんか気にしなくていい」

つまり「この先も、大人になってからも、いろんな人がお前を評価するだろうけど、それは無視していい」ということです。

また、この教えも心に強く残っています。

「計画よりもまず行動だ。失敗も成功も未来から見たら、貴重な一つの経験である」

人の評価を気にせず、自分が思うとおりに生きて、自分のやりたいことが思い浮かんだときにすぐ行動に移せるようにしなさい、ということです。**どんな時代でも、行動力のある人間が幸せをつかみます。さまざまな挫折《ざせつ》も経験するでしょうが、それで人生が豊かになるのです。**

私は現在、YouTube でチャンネルを持っていますが、コンスタントに動画を公開し続けていると、ファンが増えるのと同時にアンチも増えてきます。好意的なコメントもあれば、批判的なコメントだって散見されるようになるのです。

ですが、チャンネルとして見たときに、好意的なコメントも、アンチのコメントも同じ「1」です。

コメントが増えることで、私の動画の情報量も増えることになり、結果的にYouTube 側からの評価は上がっていきます。

好意的なコメントをもらったからといって浮かれず、また批判されたからといって落ち込む必要もありません。

どちらも自分に興味を持ってくださった、ということです。

おじいちゃんの教えを守って、私はリアルでもネット上でも人からの評価を気にしません。自分が思うとおりに生きています。

もちろん、思い立ったら即行動という原則も忘れていません。おかげで時事ネタに沿った動画をスピーディーに投稿できていますし、自分が語りたいと思ったことを忖度なしに語れています。

「人からの評価を気にしない」

「計画よりもまず行動」

この二つも、いつの時代も変わらない原理原則と言えるでしょう。

まず「獣身」を鍛えよ。とにかく運動だ

福澤諭吉先生の教えの一つに「まず獣身《じゅうしん》を成して、後《のち》に人心を養う」という言葉があります。

まずは健康で強い体をつくることが優先で、心はあとから養えるという意味です。

私が通っていた慶應義塾幼稚舎においては、「走る」「縄跳び」「水泳」を〝三種の神器〟のようにとらえていました。要するに、子どものうちに有酸素運動をして、心肺機能を高めようということです。

強い体があれば、のちの人生においても役立つという考え方なのです。

まず「走る」ことについてですが、私の時代は体育の授業ではシューズを履いているものの、徒競走となるとみんな裸足になって走っていました。

朝礼の時間に走らされる時期もありましたが、ここでもダラダラ走ったりしません。みんな必死に走るのです。そのおかげで、全力を出して走ることが「いいこと」であるという価値観が子どもたちに根づきました。

おそらく、慶應義塾幼稚舎のイメージが、ここでもまた一つ変わったのではないでしょうか（笑）。

次の「縄跳び」については、縄跳びだけで体育の成績が決まる期もあったので、みんな記録を出すのに必死でした。縄跳びの技は数百とも千ともいわれていますが、授業では13種目をクリアすると体育でAが取れます。

種目によって、回数を競うもの、時間（持続性）を競うものなどさまざまです。たとえば、前回りは回数ではなく持続時間だったので、休み時間にスタートして続いているなら記録を優先し、授業は出なくてもいいとされていました。

クラス全員で協力し合い、新記録を目指して取り組んでいたので、級友が縄跳びを続けていると残りのクラスメイトも全力で応援したものです。

最後に「水泳」は、小学3年生で1000メートルを泳ぎます。

真偽のほどは不明ですが、小学校で1000メートル泳げていないと、付属中学校入学の推薦が取れないという噂もありました。

なぜ真偽を確かめられないのかというと、中学に上がった同級生はみんな1000メートルを泳げていたからです。

たしか、１０００メートルを30～40分くらいで泳ぐというタイム制限もあったと記憶していますが、なぜかみんな、悠長に時間内に泳ぐのではなく、スピードを競うようになっていました（笑）。

中学生になると、海で遠泳の授業もあって、幼稚舎からの同級生はあえて長い距離を選び、みんな必死に泳いでいました。中学から受験して慶應義塾に入学してきた同級生の中には泳げない子もいましたが、幼稚舎からの同級生で泳げない子はいません。きっと中学からの入学組は大変だったでしょう。

勉強ばかりに気を取られている親も少なくありませんが、そもそも健康でいなければどんなに成績優秀でも意味がありません。強い体をつくることが優先です。

幼少期、とくに小学校低学年とされる10歳くらいまでに、有酸素運動をして心肺機能を高めて、徹底して強い体をつくることをおススメします。その強い体をベースにするからこそ、ポジティブで強い心が育っていくのだと実感しています。

「一緒に」「ほめる」で勉強を習慣づける

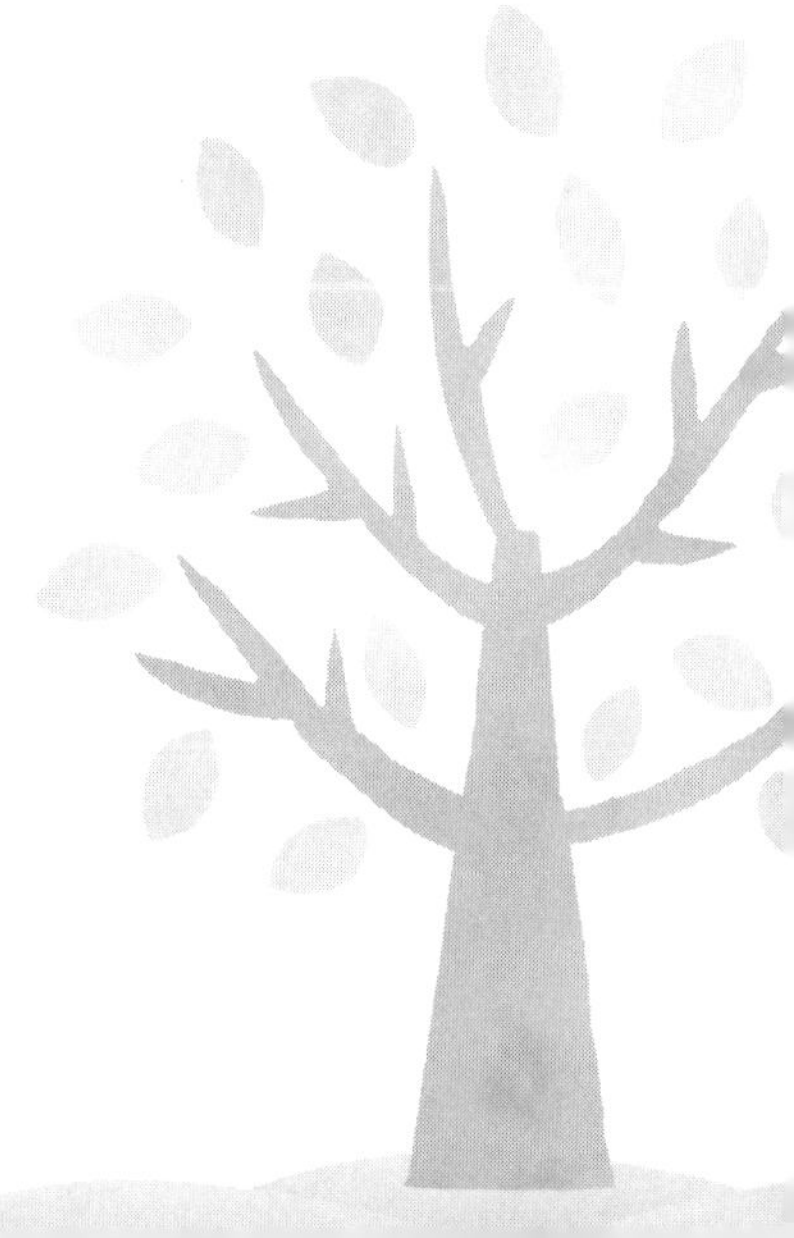

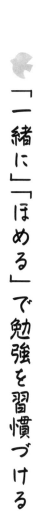

「成績重視の教育はオワコンだ」と言われても、自分の子どもには勉強してほしいし、いい成績を取ってほしいというのが親心でしょう。

そんな親御さんは、家で子どもに「勉強しなさい」「宿題やりなさい」と口癖のように言っているかもしれません。

いつの時代になっても、学ぶことの大切さは普遍的なものです。

ただ私は、勉強が「できる・できない」よりも、学ぶ習慣をつけることのほうに重きを置いています。そのため、小さいうちに、毎日机に向かって15分でもいいから勉強する習慣をつける必要があります。

子どもが学ぶことを習慣化するための秘訣は「親も一緒に勉強する」ことです。

第2章で公文の話をしましたが、公文を取り入れるのであれば、子どもと一緒に親もプリントに取り組むのです。親は面倒くさいかもしれませんが、子どもに「一緒にやろう！」と言って、時間を計りながら競争で問題を解いていきます。

これを、4〜5歳から小学校2〜3年生くらいまで続けていると、親がはじめるだけで子どもも一緒にするようになります。

親が勉強している姿を見せてもいないのに、子どもに「勉強しなさい」と言ったところで、言うことなんて聞きません。

もし、公文の問題集を解ける年齢よりも小さい子ども（2〜3歳）だったら、書店で購入できる点と点をつなぐゲームだったり、迷路だったり、遊びの延長でできる知育ゲームを用意しましょう。それを「勉強」と言って、一緒にやるのがおススメです。

とにかく「毎日決まった時間だけでいいから、一緒に勉強する」という習慣を親子でつけることが大切です。

たとえば、公文の問題集を親と子どもが一緒にやっているときに、「今日はもっといけそうだな」と感じても、毎日15分と決めていたなら、15分で終了させます。

それから「毎日ほめる」ことも大切です。

問題集でもパズルゲームでも、子どもが親と一緒に勉強していく中で毎日ほめられると、子どもはもっと「勉強」をしたくなります。

でも時間になったら、ピタリとやめることで「もっとやりたい」という気持ちになるのです。

そのとき、親はじらしつつ「じゃあ、もう少し勉強しようか」などと言って、追加してみましょう。

きっと喜んで勉強しますよね。

子どもをほめる対象は学問だけとは限りませんし、勉強と結びつけてほめることだってできます。

たとえば、子どもがお花見した絵を描いていて、そこに「〇〇こうえんでさくらをみました。きれいでした」という一文を添えたとしたら、親は「絵も描けて、字も書けているね！」とほめまくりましょう。

そんなことを続けていると、子どもに

とって勉強はつまらないものではなくなりますし、遊びを勉強に置き換えることで、いつのまにか習慣化されるのです。

ダイナミックで力強い絵をクレヨンで描こう

前項で絵について触れましたが、子どもの描く絵にあれこれ注文をつけることはやめましょう。子どもが小さいうちは、細部の正確性よりも、クレヨンでダイナミックな力強い絵を描くことのほうが重要です。

子どもが「ギュっ」と力強く、クレヨンで描けたことに着目して、画用紙からはみ出したことをほめればいいのです。

子どもに「今日は桜の絵を描こう！」と親が楽しそうに言えば、子どもだって楽しくなって「うん！」って気持ちが乗ってくるでしょう。**親がどうやって子どもの気持ちを盛り上げるかにかかってきます。**

たとえば、ピンクのクレヨンで桜を描いていったときに、「赤も入れてみようか」とアドバイスしたとします。

その際、もし真っ赤な桜が描けちゃったとしても。親が「ずいぶん赤い桜になったねえ！」と笑って声をかければ、子どももうれしくなります。

親が盛り上げて楽しい気持ちにさせて、笑顔でいいリアクションをすることで、子どもは絵を描くことも好きになっていくでしょう。

ちなみに、**クレヨンを使ってダイナミックで力強い絵を描いたほうがいいのは、右脳と左脳を同時に使うから**です。

大きく手を動かしてクレヨンで絵を描くと、筆圧を感じやすいのです。クレヨンはもろくて壊れやすいものですが、筆圧をかけた分だけ色が濃く出るので、脳の発達を助けることになります。

絵と文章からなる絵日記ならさらにいいでしょう。こちらもダイナミックな絵を描くことからはじめてみてください。もし文字がまだうまく書けない子どもだったら、象形文字のような字でも大丈夫です。

子どもが、自分なりに「字が書けた」と思うことが大切なのです。

右脳と左脳を同時に使う遊びを一緒にする

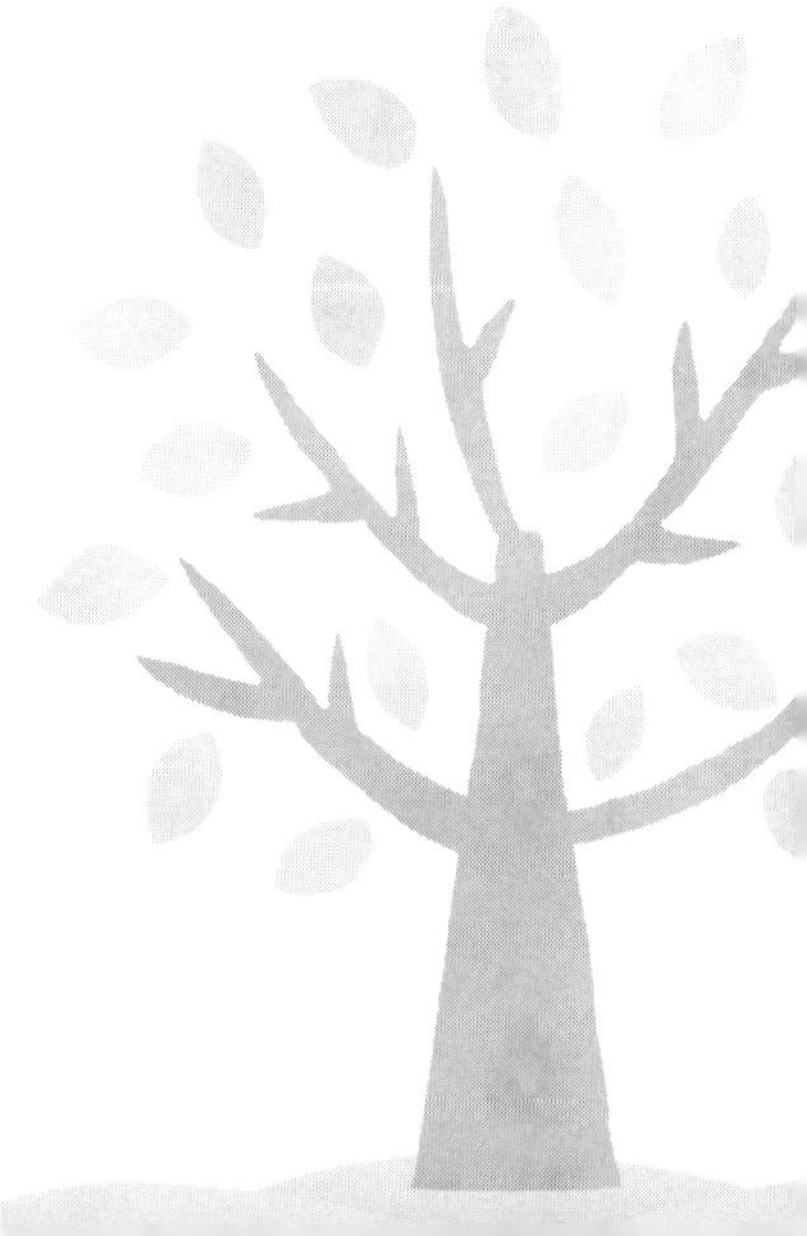

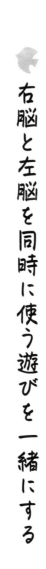

私の経験上、3歳くらいまでに、童謡をたくさん覚えてもらうのもおススメです。歌を歌う行為は右脳を刺激しますが、歌詞は左脳で処理しますから、右脳と左脳を同時に使うことができます。

私も100曲くらいは童謡を覚えましたから、一日1曲でいいので、童謡を覚えて歌ってもらうところからはじめてみてください。

ここでの評価ポイントは、音程はさておき、大きな声で歌えていることです。子どもがおなかから大きな声を出して歌っていたらほめてください。

ほかにも、家の中に右脳と左脳を同時に使える「遊び」を散りばめておくと、楽しみながら取り組めるのでこちらもおススメです。

たとえば、洗面所やお風呂場、トイレなどの毎日使う場所に、遊びながら学べる知育ゲームを貼ったり置いたりしておきましょう。機を見て親が「問題です！」と言って、サプライズでゲームをはじめるだけで子どもは夢中になります。

勉強だからといって、格式ばる必要はありません。子どもが好きな『ドラえもん』や『ちびまる子ちゃん』など、アニメのキャラクターによる学習シリーズで十分です。

また、子ども向けの図鑑も、読むのではなく、見ることに重きを置きましょう。

さらに、図鑑と一緒におもちゃを置いておくこともおススメします。

たとえば、恐竜の図鑑が好きな子どもだったら、恐竜のおもちゃや模型も置いておくのです。

親が意識して、子どもが興味を持ったものやジャンルを増やしていきましょう。

右脳と左脳を同時に使う遊びをする際も、親が一緒にやることが大事です。

「ながら」ほどもったいない時間はない

忙しいからといって、家事をしながら、仕事しながらのような「ながら」はやめましょう。

「ながら」は、子どもとの信頼関係を築くうえで、本当にもったいない時間です。

会社で上司から「あれやったか？」みたいな声がけのように、親まで子どもに対して「勉強やった？」と声がけするだけで、自分の役目が果たせていると思ったら大間違いです。

「ながら」をやめて、親も子どもと一緒にやることです。その時間と手間を幼少期にかけるだけで、高学年以降は放っておいても自発的に勉強するようになります。

子どもの可能性を見いだすコツは、幼少期にいかにベタづきで、一緒にさまざまなものを見ることができるかに尽きます。

これは、専業主婦じゃないとできないことではありません。共働きのご夫婦でもできます。夜の1時間だけでいいから、集中して子どもとの時間を設ければいいのです。

どんなにつかれていても、たった1時間でいい。それが未来への投資になると思って取り組んでください。

読書習慣を身につける「ちょっとしたコツ」

読書習慣を根づかせることも、未来への大事な投資です。子どものうちから、本というものに親しんでもらいましょう。

本が楽しくなれば字に慣れます。字に慣れれば漢字の読み書きもラクですし、国語の読解力もつきますよね。国語以外の教科でも、問題を読み解く力がつくはずです。

よく「うちの子はマンガしか読まない」と嘆く親がいますが、マンガでも構いません。

これは私だけかもしれませんが、私は小さいころからマンガはもちろん、たくさんの本を読んできたおかげか、ページ全体を画像としてとらえることが得意になりました。

そのため、学校の試験は友だちのノートをコピーさせてもらえれば、だいたいなんとかなっていました。それを試験の前日や通学の電車内で目をとおすくらいで、済んでしまったのです（笑）。

「お子さんに読書習慣を身につけてもらいましょう」と言うと、時折「どうやってやればいいですか？」と言う親御さんがいます。

そこでここでは、私のおじいちゃんが、子どものころの私を読書好きにしたプロセスをご紹介しましょう。

私は幼いころから活字を読むのが好きでした。

それはまた、おじいちゃんの前で「たくさん読書している自分」を見せることも好きだったというのもあります。

おじいちゃんは、かつて私が読書していると、必ず「何が書いてあった？」と聞いてきました。ですから、ページをめくって読書好きな自分を演出しているだけでは、おじいちゃんの質問を乗りきれません。

今から思うと、おじいちゃんもおばあちゃん（曽祖母）も「合いの手」がうまくて、質問力に長けていました。

いいタイミングで質問されるので、子どもながらに本の内容を一生懸命に答えます。**答えるとほめられて楽しいので、いつの間にか読んで内容を頭に入れるという習慣ができていたのです。**

私が漢字を覚えたばかりのころ、おじいちゃんとバスに乗っていたら「初台」という停留所があって、おじいちゃんに読み方を聞かれました。

私は最初「しょだい」と読み間違えましたが、おじいちゃんは「はつだい、だよ」と教えてくれつつも、すぐに「しょだいなんて読めるのすごいな」とほめてくれました。

それだけで、もう「はつだい」の読み方は覚えてしまいますよね。

漢字に限らず、おじいちゃんとはスーパーマーケットに買い物へ行く道中、目についた数字を足していくゲームもよくしていました。たとえば、電柱に「2—15」とあれば「2+15はいくつだ？」というふうに。

ずっと足し算をしながら歩き、目的地のスーパーマーケットで150になっていたら「じゃあ150円分のお菓子を買おう」という具合に、すべてゲームとして漢字や数字を覚えることができていました。

子どもに限らず、**人をほめるという行為は、その人をよく見ていなければできないことです。**

前項でも触れましたが、まず「ながら」はやめましょう。

それと、面倒くさがらないこと。幼少期に手間暇をかけることで、子どもが将来にわたって漢字や数字に強くなるのですから、いかに手を抜かないかが大切なのです。

ありのままを受け入れて、
宝探しのような子育てを

私は中学3年生くらいから、時代の流行もありますが、両耳にピアスの穴を開けて、ドレッドヘアにして、いわゆる「グレ」はじめました。

当時流行していたミュージシャンがピアスの穴を3コ開けていたら、負けたくないから自分は7コみたいな……。

そんな私の姿を見た曽祖母、おばあちゃんが聞くわけです。

「不良になっちゃったの？」

さらに「不良になったらケンカとかしちゃうの？」と、うれしそうに話してきました。ピアスについても「なんだか、見慣れてきたらステキねえ。ピアス買いに行きましょう」と言い出して、私を百貨店に連れていったのです。

そして「ちょっと今うちの子ね、不良がんばっているから、ピアスの穴を開けてきちゃったのよ。ステキなピアス、ないかしら」と言って、ドン引きしている売り場スタッフを横目にピアスを買ってくれました。

おばあちゃんは、こうも言いました。

「格好いい不良になりなさい。でもあなたはいい子だから、相当がんばらないと無理よ」

私はもう「お、おう」と言うしかありませんでした（笑）。

高校で問題を起こして、停学処分を受けたこともありましたが、おばあちゃんは動じません。学校に呼び出されたときも、怒ったり騒いだりしませんでした。

「こういうの夢に見てたのよ。一生懸命、謝るわ。楽しみねえ」なんて言っていましたから。さらに、3日間の停学を言い渡されたら、先生を前に「3日間、お休みいただけるのね？」と（笑）。そんな人でした。

おばあちゃんのエピソードは極端ですが、親は子どものありのままを受け入れて、否定から入らないようにすると、どんな局面でも物事がいい方向に転がりはじめるということです。

これは、昭和でも平成でも令和でも、変わらない普遍的なことだと思っています。

ましてや、親が子どものことを恥じたり、けなしたりするのはナンセンスです。

スピリチュアル的な表現になりますが、**子どもは「あなた（親）にちょうどいい子どもに育っている」ということ**です。

つまり、目の前の子どもをとおして、あなたの課題を見つけなさいということでもあります。もし手がかかる子であれば、手間と時間をかけるべきでしょう。親として成長をうながされているという受け取り方をすべきなのです。

子どもをありのまま受け入れることもそうですし、わが子の可能性を信じることが親の仕事です。

どんな子であっても、その子の未来は明るいということを信じなくてはいけませんし、その子にはどこかに必ずキラキラがあるから、それを見つけることです。

「子は宝」です。

今はまだ原石かもしれませんが、宝物であることに間違いはありません。宝探しの感覚で子育てしていくくらいの気持ちでやってみましょう。

ペットがいると、学べるものは無数にある

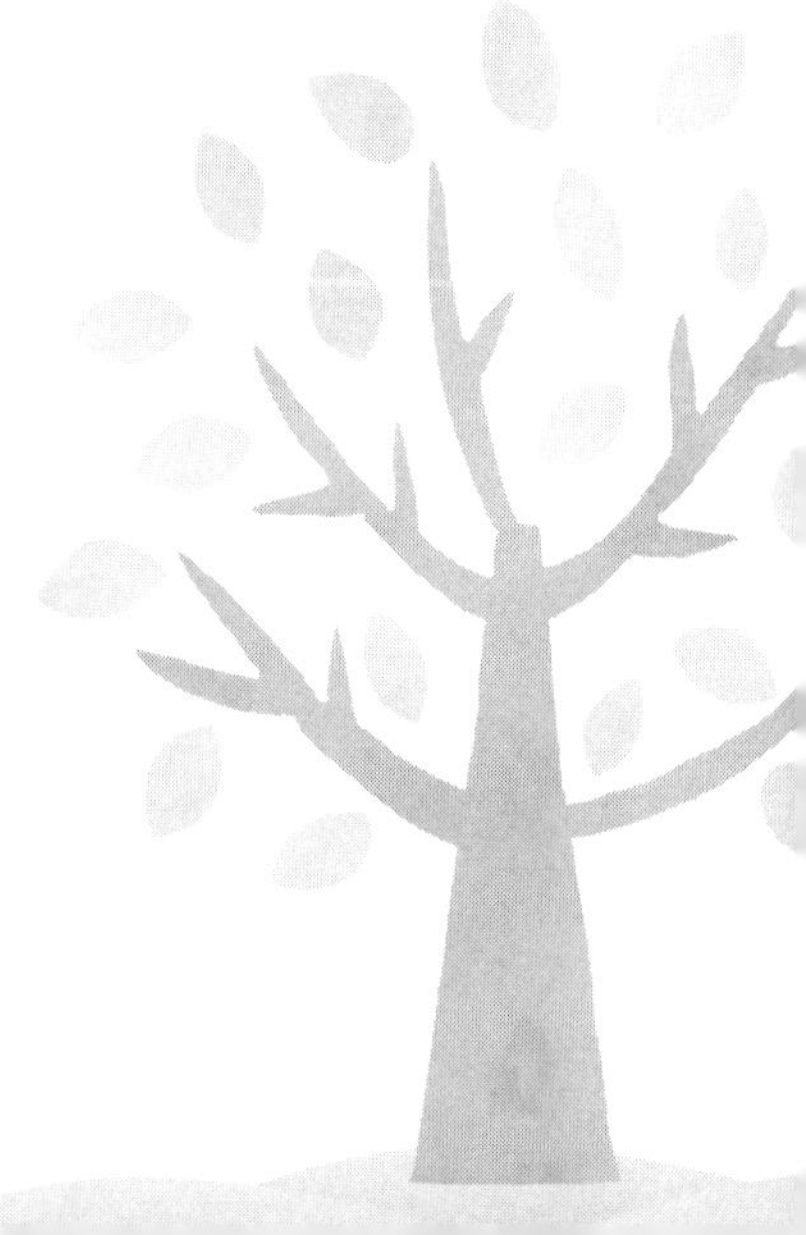

ペットが子どもにもたらしてくれるものは多岐《たき》にわたります。

家に動物がいると、動物たちは無防備に人間の家族を信じてくれるでしょう。それによって、子どもは自分よりも弱い存在であるものに対し、愛や慈しみの精神をもって接することができるようになります。

大人と子どもと犬や猫という家族構成になると、どうしても犬や猫は子どもを下に見るケースがあります。

ただ、たとえば子どもが犬と散歩しているとき、もし子どもがいじめられたり危険な目にあったりしたら、ほとんどの犬は人間の子どもをかばうはずです。**子どもは、そんな日常の出来事をとおして、愛や優しさ、信じる力を学んでいくのです。**

家にやってきた子犬や子猫は、最初は手が離せなくても、いつしか人間よりも早く年を取って、先に死んでしまいます。それでも動物は、愛くるしくて元気で、あたたかくて楽しい思い出を家族に残してくれるのです……。

そんな動物の一生をとおして、命の尊《とうと》さ、命の儚《はかな》さ、自分だっていつまで命があるかわからないのだということを理解していくでしょう。

「なかなか一歩を踏み出す勇気がない」なんて、さまざまなシチュエーションでよく聞くセリフですが、これは失敗をおそれているからですよね。でも、**それ以上に、当たり前に明日がやってきて、平均寿命くらいまで生きられると思っているから、一歩を踏み出せず適当な一日を送っているだけ**なのです。

もし今、毎日のように戦火にさらされて暮らしているとしたら、もっと今を大切に生きているはずです。大切な人には愛を伝え、自分のやりたいことをやり、「あのときああしておけば、こう言っておけば……」などという後悔をしないように毎日を送っているはずなのです。

ペットといっても犬や猫なら動物アレルギーの問題もありますし、それでなくても各家庭の事情もありますから、無責任に飼いましょうと言うつもりはありません。

でも、もし動物と一緒に暮らすことができるなら、彼らの命の尊さ、儚さを知ることで、今を大切に全力で生きられるようになるでしょう。

親が口を出さない。子ども同士で話し合ってもらう

第2章でも述べていますが、私が通っていた慶應義塾幼稚舎では、小学校の6年間でクラス替えが一度もありませんでした。

これは「子ども時代に起こるトラブルは、大人になっても起こりえる。だから、自分たちで解決したり、折り合いをつけたりすることを学ばせる」という意味合いもありました。

慶應義塾には、子ども同士のトラブルが発生したとき、それを子ども同士で解決させるまで許容できる文化がありました。ただ一般的には、そんなレベルでは済ませられないほど、非常に陰湿かつエグいことが起こるかもしれません。

そのような程度の問題はありますが、基本的にはどんなシチュエーションでも、子どもには自力で解決する力があります。

また、いずれ大人になれば、いや応なしにトラブルに対応しなければならなくなるのですから、親御さんはギリギリまで見守ってください。

親がここですべきは「ケツをぬぐう」という覚悟を決めるだけです。

もちろん、相手の親が出てきてしまったら、話は別です。

子どもを守るために、自分も出なければならないでしょう。それでも、先陣を切って自ら出ていくのは我慢すべきです。**ただし、学校の先生にクラスを収める能力がない可能性はあります。**ですから、学校だけを信じるのはおススメしません。

とはいえ、親はまず自分の子どもを信じることです。過保護は子どもからトラブルを解決する力を奪う、と心得ましょう。

第4章

変化に耐えうる子どもが、この先も生き残る

日本人はとにかく変化が嫌いだ

個人によって価値観や考え方が異なるので、もちろん「日本人は〜」と一くくりにすることはできません。ですが、諸外国の人と比べて、多くの日本人は安定志向が強く、変化することを嫌う向きはないでしょうか？

そもそも人間というのは、習慣化された行動を好む傾向にあります。なかでも日本人は習慣化に加えて、周囲の空気や他人の顔色をうかがうことに長けていると言えます。

ですから、つい足並みをそろえてしまいがちです。結果的に、他国に比べて変化しづらくなってしまうのでしょう。

今は言うまでもなく激動の時代です。世の中はものすごいスピードで変化しています。たとえば、ＳＮＳ一つ取っても、次から次に新しいものが開発されていますよね。**ただ、一人ひとりは一日一日を積み重ねているだけです。たいていの人は、「今、自分は変化している」という自覚がありません。**

いくら渦中の真っただ中にいても、当人にとっては日常でしかありませんから、自分自身では変化に気づきにくいでしょう。

先日、YouTubeライブをしているときに「コロナが明けたら、飲食店の売り上げは一気に伸びますか？」という質問をいただきましたが、それは無理です。

なぜなら、コロナ期間中に「外食は控える」習慣が、多くの人についてしまっているのですから。

2020年からの約3年間で、みなさんの会食や飲み会の回数は減っているはずですし、職場の上司だって誘いづらいでしょう。コロナ前の数字に戻すというのは無理な話なのです。

飲食業界に限らず、なぜか「コロナ前の状況に戻る」と思っている方も少なくありませんが、いかにも変化を嫌って安定志向に走る日本人らしい考えといえます。

実際、飲食店の売り上げは元に戻っていません。それなのに、変化を嫌って従来の体制を維持している組織は少なくないです。日本人の「変化嫌い」は、この激動の時代においてほとんど短所でしかないのです。

変化に対応できる人とは、すぐに動ける人のこと

国内で儲からないなら、儲かる国を探して移住する中国人は、変化をいとわない最たる人たちかもしれません。空気を読まない〝自己チュー〟な人も多いですし、バイタリティもすごいものがあります。近年の経済成長は当然の結果とも言えるでしょう。

欧米人も、かなりのハードワーカーでありながら、他方では非常に家族を大切にするなど、個人の価値観を優先して生きることが当たり前です。

一方、日本人は場の空気を読んで穏便に済ませがちですが、そのコミュニティや雰囲気を優先してしまう傾向にあります。

何事も自分基準で決めないためか、変化に対応する能力が低く、急なトラブルなどが起こると途端に慌ててしまう人が少なくありません。

でも、これからの時代は、よりいっそう変化に対応する力が求められるようになります。今まで以上に、すぐに行動できる習慣をつける必要があるのです。

思い立ったらすぐ行動できる人というのは、自分の感情に素直な人です。行動を起こした先の結果をイメージしていません。ですから、見方によっては衝動的で無鉄砲な印象を与えてしまいますが、「やりたい」という気持ちは人一倍強いものがあります。

ただ「やりたい」という気持ちをもって突き進むだけで、仮に無計画であったとしても人の何倍もの経験ができます。

成功も失敗も「経験」としては同じ〝1〟です。そもそも、成功や失敗に一喜一憂している暇なんてありません。ですから、すぐ行動できる人はどんどん経験値を積み上げていけるのです。

コロナ禍において、結果的に悪あがきであったとしても、さまざまな行動を起こした人は得るものが多かったでしょう。そういう経験をどんどん積んでいけば、いつの間にか変化する時代に適応できているのではないでしょうか。

たとえば、緊急事態宣言や外出自粛要請が出されたことで、YouTubeを見る人が一気に増えました。このとき真っ先にはじめた人と、「そのうち元に戻るだろう」とただ待っていた人とでは、経験という大きな差が生じてしまっています。

変化をおそれて、なかなか次のステップに踏み出せない人は、先を行く人たちにどんどん可能性を奪われていくのです。

自分の子どもに、そうなってほしくはないですよね？

第1章でも触れましたが、子どものスピード感を養うためにも、親は子どもが「やりたい」と言ったことは可能な限りすぐやれるようにしましょう。

また、変化をおそれて一歩が踏み出せないという人は、失敗をおそれていることがほとんどです。子どもの失敗への耐性をつけさせるためには、親がその結果に固執しないことが大切です。

せっかくすぐ行動に移せても、その結果にこだわるようでは効果がありません。子どもが楽しそうに取り組んでいたら、キラキラと輝いて見えたら、もうそれ以上は望んではいけないと心得ましょう。

安定志向は変わりたくない気持ちの表れであり、リスキーでも行動し続ければ経験値が上がって、道は開けてくるのです。

保守的な考えからは何も生まれないと、すべての親がそろそろ認識すべきでしょう。

迷っている時間があったら1回の経験をせよ

前項でお話ししましたが、私は子どもが「やりたい」と言ったことは、できるだけすぐやれるようにするべきだと考えています。

子どもの習い事で、わが子が何か新しいことをはじめようとすると、その前に「やるか・やらないか」を迷う親は少なくありません。でも私に言わせれば、**迷っている時間というのは「どんな結果になるかを心配しているだけの時間」**です。

こういう人は自分の仕事、たとえば新規事業の案件などでも迷いがちでしょう。どうしたらうまくいくか、失敗しないためには何をすべきかと迷いに迷ってしまう……。

本人は熟考しているつもりかもしれませんが、いずれにしても、一歩も動いていない人の妄想に過ぎません。まだ来ぬ未来を勝手に不安視、あるいは楽観視したところで、やってみないと結論は出ないのですから。

かつてはPlan（計画）、Do（実行）、Check（測定・評価）、Action（対策・改善）の「PDCAサイクル」がもてはやされましたが、今の時代の速度から見るとナンセンスです。これも結局、失敗しないための理論でしかないからです。

現在においてはObserve（観察）、Orient（方向づけ）、Decide（意思決定）、Act（行動）

の頭文字を取った「ＯＯＤＡ（ウーダ）ループ」の手法を意識することです。

ものすごいスピードで変化していく中では、思いついたらすぐ行動していくことが何より大切です。行動を起こせば、よくも悪くも結果を突きつけられますから、そこから学び、検証したうえで次の行動に移っていきましょう。

ＯＯＤＡなら、ＰＤＣＡを１周回しているあいだに、その３倍も４倍も早く先に進めますから、経験値が上がります。

いまだに計画を重要視している方がいますが、コンサルタントの業界では「導きたい結論に合わせたデータは集められる」と言われています。事業計画書の数字はいくらでも都合よくつくれますから、じつはデータ集めにはほとんど意味がないのです。

それ以上にたくさんの経験をしていると、肌感覚で動きながら計画を立てていくことができるようになります。

「迷っている時間があったら１回の経験をせよ」ということなのです。

「一度はじめたのだから、まずは続けてみよう」は最悪

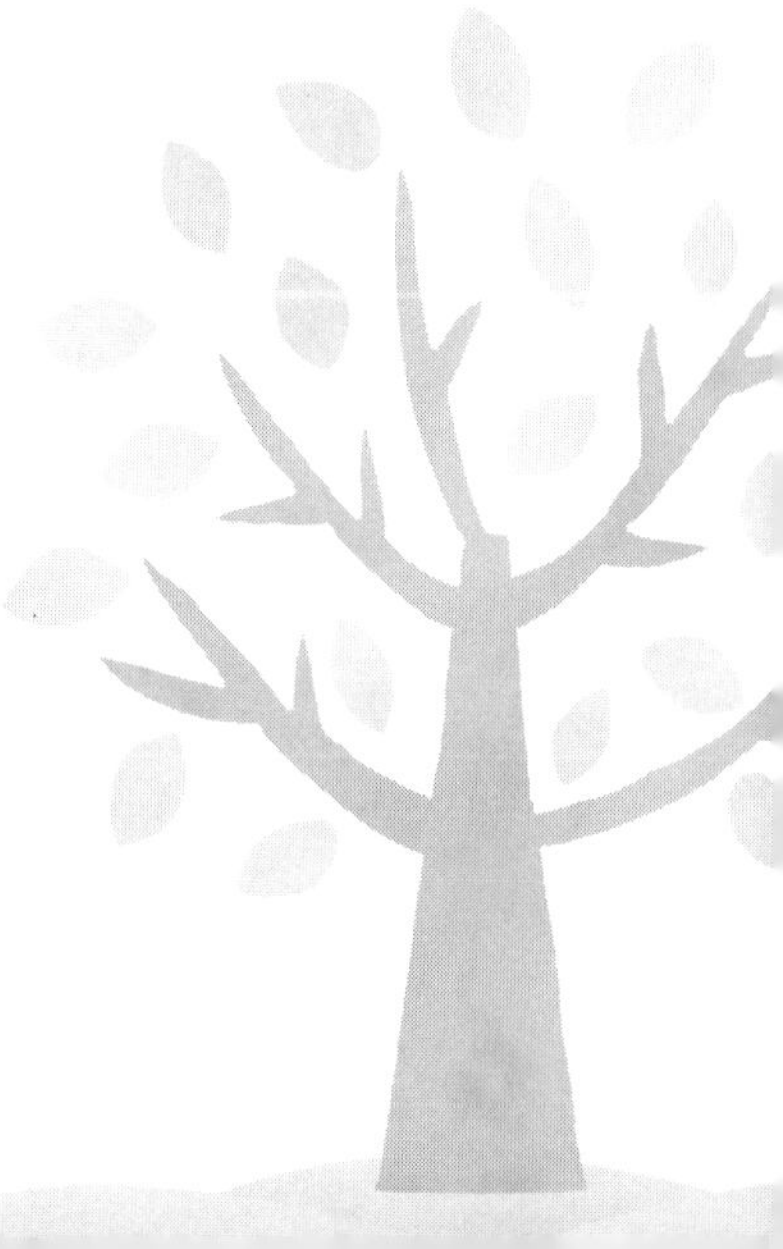

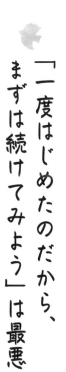

習い事といえば、ピアノ、バレエ、英会話、水泳、武道、習字、そろばんなど、さまざまありますが、子どもが「もうやめたい」「行きたくない」と言い出すこともあるでしょう。

そんなとき「一度はじめたのだから、まずは続けてみよう」なんて言って、嫌がる子どもを通わせるのは最悪の対応です。

その習い事を、子どもからやりたいと言い出したのか、親主導だったのかはともかく、いずれにしろ親がやるべきことがあります。

子どもが習い事をはじめたのなら、真剣そうにいい顔つきで通っているのか、楽しそうにしているのか、帰ってきたときにつまらなそうにしているのか、その様子をつねに見ておかなければならないのです。

そうした日々の確認を踏まえて、子どもが「やめたい」と言い出したとき、どんな原因でやめたいのかを察知しなければいけません。

言葉としては同じ「やめたい」「行きたくない」でも、親として、その違いを見抜く必要があります。

もし、それまで楽しそうにやっていたのに、初めての試練が訪れてつらくなっているのなら「じゃあ、あと5回がんばってみて、それでもつらくてやめたかったらやめちゃおう」と言ってみましょう。

一方、最初からあまり乗り気でなくて、何度通ってもつまらなそうにしているなら、「向いてないからやめちゃおうか」と言うべきなのです。

どんなに好きなことでも、うまくいかなくなる時期はあります。その試練を乗り越える経験が大切な場合もありますが、ただただ子どもを苦しめているだけなら続ける意味はないでしょう。

つまり「一度はじめたのだから、まずは続けてみよう」の理由や根拠は何なのかということです。

子どもがつまらなくて向いていないなら、そこから学べるものだってありません。親は、そんなにやめたがっている習い事以上に、子どもに向いていることを見つければいいだけです。

自分の子どもなのだから、きちんと見なさいと。

たとえば、野球をやっている子どもが、やりはじめたころはうまくなっていく一方だったのに、その時期が過ぎスランプに陥ってしまい、「やめたい」と言っているとしましょう。

それは未来目線で見た場合、一つの壁に過ぎません。楽しく野球をやっていた時期があるのなら、もう少し向き合ってもらったほうがいいでしょう。

冗談っぽく「ふだん右打ちなんだから、たまには左打ちの練習をしに、バッティングセンターに行こうよ」と誘ってみるのも一つの手です。あえて「左のほうが当たるかもよ？」と、緩い球で自信をつけさせることもできます。

あるいは、小学生にしては速い球に挑戦するのもいいでしょう。たとえば「１３０㎞の直球にチャレンジして、30球のうち１本でもヒットを打てたらお菓子おごるよ」なんて言って、楽しみながら、少し目線を変えてみる方法だってあります。

もし、ピアノの練習がつらくなっている子どもだったら、こちらも目線を変えてみましょう。ふだんは弾かないような、Ｊ－ＰＯＰやアニソンの楽譜を買って弾いてもらうのです。

課題曲でなければ楽しんで取り組めることもありますから、改めてピアノの楽しさに気づくことができます。

子どもの希望どおりにやめさせるか、あえて向き合ってみるかは、子どもの心に細やかに寄り添っていればわかることでしょう。あとで詳しくご紹介しますが、記録するという方法もあります。

また、あえて向き合ってみることを選んだ場合でも、無理に続けさせることは控えて、目線を変えたサポートもあるということを知っておきましょう。

いずれにしろ最悪なのは、子どもの気持ちを無視したり、可能性を狭めたりすることです。

昔から「一度はじめたのだから……」と言われ、いやいや通わされた覚えがある方もいるでしょうが、これは子どもにとって一利もない悪習であったと心得ましょう。

子どもの「おもしろい」と「つまらない」を記録する

学校のことでも習い事でも、子どもが親の前で、つまらなそうにしていたり、つらそうにしていたりすることがあるでしょう。

前項でも触れましたが、それが本当に子どもにとって負担なのかを見極める必要があります。心から嫌だと思っているのか、本当は好きなのに壁にぶち当たっていて一時的に嫌になっているのか……。

つまり、**本質はどこにあるのか、**ということです。

先ほどは野球の例を出しましたが、スポーツはわかりやすいでしょう。

やりはじめたばかりのころは楽しくて夢中になるものの、まわりの子がどんどん上達していくのを見て焦りを感じたり、自分が上達しないもどかしさを感じたりすることもあるでしょう。

子どもがつまらなそうにしている根底に、じつは「好き」という感情があるかもしれませんし、本当につまらなくなったのかもしれません。この見極めは本当に大切です。

たとえば、お父さんが野球好きとか野球の経験者であった場合、息子にも野球をやらせることが多いと思います。

子どもも、最初のうちは楽しそうで、野球を好きだと言っています。ところが最近、野球が嫌になっているようです。練習にも行きたがりません。お父さんとしては、それでも強引に野球をやらせたいかもしれませんが、無理強《むりじ》いは逆効果です。

こんなときは監督やコーチに事情を話したうえで、サッカーをはじめてみるのも一つの手です。

そこでサッカーをおもしろいと思うかもしれないし、サッカーを経て野球のおもしろさに改めて気づくことができるかもしれません。

野球からサッカーにいきなり競技を変えるなんて、大人からしてみれば抵抗があるかもしれませんが、子どもはそうでもありません。

むしろ、子どものうちに劇的な変化を経験したほうが、将来的にも変化への耐性がつくでしょう。

また習い事は、父親が野球をやっていたとか、母親がピアノを習いたかったとか、親の願望やコンプレックスから子どもに強いるケースも多いものです。

ですから、つい「せっかくやらせてあげたのに！」などと、親のほうの融通が利かないことが多々あります。

しかし、子どもの性格を鑑《かんが》みて、その子の根底にある感情や感じていることを、親は必死に見るべきです。

おススメの方法は、記録することです。なるべく自分の主観や願望は排して、子どもが習い事をしている最中の姿や、習い事に行く前の様子、家に帰ってきてからどんなことを言っているかなど、客観的にメモしてみましょう。

子どもの「おもしろい」や「つまらない」を記録したものを、あとになって冷

静に読み返してみると、そのときには気づけなかったことに気づけるときがあります。

自分の思い入れがあるものであれば、親も冷静になることは難しいかもしれません。冷静に見極めて判断するために、メモを取ることをおススメします。

失敗していい。過干渉と放置をやめよう

いつの時代も、「勉強しなさい」「習い事はサボらず行きなさい」「先生や親の言うことを聞きなさい」など、子どもに対して偉そうな物言いをする親が必ずいます。

そもそも「親のあなたは立派になられているのでしょうか？」という疑問はありますし、さらに言えば、親が子どもに指摘する内容もあてになりません。親が自分の人生における後悔や、コンプレックスをぶつけていることがほとんどです。

親が子どもにすることとは、子どもがつまずいたとき、挫折を経験して病んでしまったときに寄り添いつつ、ケツをぬぐうことだけです。ブレーキをかけて妨害することではないですし、それは親心でもありません。

子どもは成長の過程で、いつも転んでいます。

ヨチヨチ歩きのころ転ぶと、子どもにとっては痛いかもしれないけれど、大ケガはしません。

さらに、公園などで遊べるようになると、遊具から落ちたり、鬼ごっこでつまずいたり、場合によっては顔から転ぶことだってあるでしょう。

でも、子どもは自分の成長に合わせて、ちょうどよく転んでいるだけです。

子どもは、きちんと自分で立ち上がれます。親が転ばないように支えたり、転んだ子を起こしたりしたら逆効果なのです。

たくさん転んだ経験をしながら、自力で走れるようになったら、またその走った速度で転ぶかもしれませんが、大ケガはしません。

ですから、子どもが転びそうになっていたら、親が「この前も失敗したじゃない！」などと言って、不要なブレーキをかけないことです。

行動し続けるということは、挫折と失敗の連続です。でも、そこに学びがあり、あきらめない精神がつちかわれ、夢がかなうことだってあるのです。

親は、自分が体力的にも経済的にもフォローできるあいだに、子どもにたくさん転ぶ経験をしてもらいましょう。いろいろとチャレンジできるようにしてください。そうすることで、転び方だって上達しますし、経験値も上がるので、おのずと転ばなくなってきます。

親から見て、失敗しそうなことを子どもがやっていたら、本人が気づくまで見守っていればいいのです。

人間は、痛い目にあったら気づきますよね。それは子どもだって同じことです。たとえば、友だちに意地悪なことばかりしていたら、自分のまわりから友だちがいなくなる、暴力を振るったら叱られる、人のモノを取ったら捕まる……。

そういったことは、自分で気づきながら成長しなくてはならないのです。

ただ、失敗する前から手助けするような過干渉をやめろという話なのに、なぜか「放置していいのですね？」と勘違いする親がいます。

もちろん、それは違います。子どもが不登校になったとして「学校へ行かない」ことと「勉強しなくていい」はイコールではないのと同じです。

「転ばせていい」と言うと、「放置していい」と勘違いしてしまう親がいますが、両者はまったくの別物です。

親は、子どもがどういった状況であっても、どんな表情をしているか、何を見ているかを見守る必要があります。そして、本当のピンチのときに支えていけばいいだけです。過干渉か放置かの2択ではありません。

1回で覚えろ？
同じ間違いを何度やってもいい

よく子どもに向かって「同じことを二度も言わせるな！」とか「同じ間違いを何回するんだ！」と怒っている親がいます。

なぜ、こんな難しいことを子どもに強要するのでしょうか？

1回ですべてを覚えて、同じ間違いを犯さないなんて、実際には大人でも難しいことです。もし自分がそう言われたら反発したくもなるでしょう。

たとえば、みなさんはアルバイトをした経験はありますか？

そこで「同じことは二度と言わないから、ちゃんと聞いておくように」とか「忘れないようにメモを取ってよ」なんて、先輩や上司から威圧的な物言いをされた経験があるかもしれません。

きっとみなさんもそうだったと思いますが、そんな威圧的な職場で働きたい子なんていないですよね？

私は飲食店でアルバイトの面接も多々こなしてきていますが、アルバイトに応募する電話なんて、誰だって緊張すると思います。今はアルバイトの求人サイトを経由して、メールでの連絡が主流ですが、かつては電話が主流でした。

私はアルバイト応募の電話を受けたら、まず緊張している相手の立場に寄り添った言い方を心がけていました。

「このたびは、アルバイトの面接にご応募をありがとうございます。ご連絡いただきまして、とてもうれしいです。お忙しいかと思いますが、アルバイトの面接の日程を、このお電話で決めさせてください。最速ですと明後日の17時だと合わせられるのですが、ご都合いかがでしょうか？」

もしここで、相手の都合が悪かったら、都合のいい日時をいくつか聞いてスケジュールを決めていきます。

電話の最後にもフォローを忘れませんでした。

「当日、もし遅れそうな場合は、気にせずに1回お電話いただければと思います。服装もお気になさらずに。ただ、お願いとして履歴書のご持参と、そこにできればお写真を貼っていただければ。写真シールでもかまいませんから。それでは、お会いできるのを楽しみにしています」

さまざまなお店がある中で、うちの店を選んで連絡してきてくれたのですから、それだけで感謝です。

さらに、実際に面接に来てくれたら、まず「〇〇さん、ようこそ来てくださいました。面接を担当する永田と申します。よろしくお願いします」と必ず自分から挨拶していました。

後日、ご縁があって、出勤初日にアルバイトさんが5分前に出勤してきたときも「準備時間をふまえて出勤してくれてありがとう」「緊張するかもしれないけれど、気にしないでね」と声がけし、店のユニフォームを渡すときも「着替えて準備できたら声をかけてください」というふうに、まず緊張をほぐすことからはじめていました。

教える際も、上から目線で居丈高な言い方なんてしません。

「今日いろいろ教えるかもしれないけれど、忘れちゃっても大丈夫」
「数日やっていれば必ず覚えられることばかり」

「飲食店だから元気な声で〝いらっしゃいませ〟〝ありがとうございました〟を言えれば今日はOKです」

本当にこれくらいしか言いません。もし、2度目の出勤時に初日やったことを覚えていてくれたら、そこを評価します。そうすることで、自然と次から次へと業務を覚えてくれるようになるからです。

これは、子育てだって同じことでしょう。子どもが同じ間違いをしても、同じことを何度も聞いてきても、まったく問題ないことです。

叱るときに「同じことを何度も言わせるな」なんて言う親は、ただのアホです。親のほうにセンスがないのだと悟るべきでしょう。

子どもが挨拶やお礼ができないのは親のせい

マンションの共有スペースで知り合いに会ったとき、一緒にいる子どもが挨拶をしない、ということがありますよね。そんなとき「○○ちゃん、挨拶は？」なんて言っている親を見たことはありませんか？

このように**「挨拶しなさい」と言われないとできない子どもは、ただ親が挨拶している姿を見ていないだけ**です。家にいるとき、朝起きてきても親から「おはよう」と言われていないのでしょう。

おそらく、こういう親は、マンション内で誰かとすれ違っても無視しているのでしょう。挨拶できない子どもは、そんな親の姿を見てきただけなのです。

お礼もそうです。

何か頂き物をしたときに「ありがとうございます」と、すぐに言えない子どもがけっこういます。

でも、これも親が「ありがとう」と言っている姿を見ていないだけでしょう。

たとえば、父親が帰宅してきたときに「パパ、お帰り。今日もおつかれさまでした。ありがとうね」と母親が言っていたとしたら、子どもだって自然とお礼が言えるようになっているでしょう。

親が朝しんどそうに仕事に出かけて、つかれきった顔をして帰ってくるから、子どもからすれば「社会はつらい場所だ！」となり、出ていきたくなくなるでしょう。

これは、引きこもる人が増える理由の一つではないかと考えています。

子どもが他人とのコミュニケーションが苦手だったら、まずは親が楽しそうに誰かとコミュニケーションを取っている姿を見せることです。

また、子どもが消極的で、英会話教室に通わせていてもしゃべれないのなら、親も一緒に英会話教室に通って、苦手でもたどたどしくても一生懸命しゃべって、ダサい姿を見せましょう。

きっとそれだけで、コミュニケーション豊かな子どもに変わっていくはずです。

子どもは、親の思いどおりにはなりません。親の姿のとおりになるのです。

まわりの子と比べている親の子はＡＩに負ける

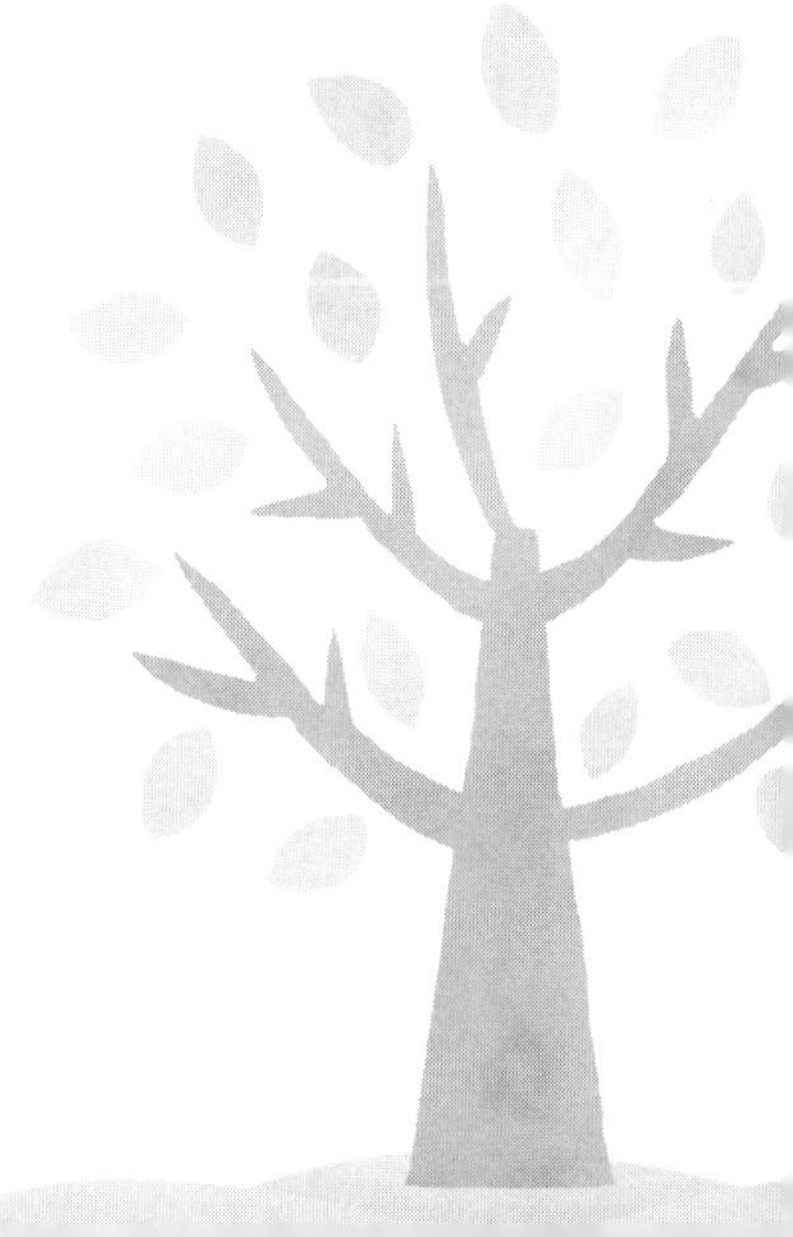

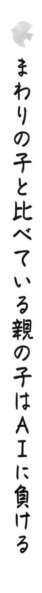

世の中を見渡してみると、あっという間にさまざまな仕事がＡＩに取って代わられています。

たとえば、飲食店ではロボットが配膳しますし、洗い物は食器洗浄機がかなり進化していますし、セルフレジの導入もかなり進んでいます。もはや、ウェイターやウェイトレス、皿洗い、レジ係という職種がなくなりつつあるのです。

回転ずし業界に目を移せば、席への案内もセルフになり、ロボットがシャリを握り、軍艦の海苔《のり》も巻きます。巻き物も、ボタン一つできれいに巻いてくれるようになっていて、人間とほとんど遜色《そんしょく》がなくなりつつあるのです。

このまま「誰でもできる仕事はＡＩで十分」となったとき、子育てで問われてくるのは個性です。

つまり、その子の個性を伸ばすことで、将来「その人でなければダメなのだ」という理由がないと、仕事がなくなってくるのです。とがった部分でもなんでもいいので、人と違う何かが重要になるでしょう。

どの子にも、必ず何か光るモノがあるはずです。根気よく探していきましょう。

ただ一つだけ注意したい点があります。**その子らしさとは何かを考えるとき、まわりの子どもたちと比べることはナンセンス**です。もうやめにしましょう。

とくに小学校では、運動ができる子どもが光って見えたり、あるいは先生や親の言うことを聞く〝優等生〟がひいきされたりします。それらに当てはまらない子どもはコンプレックスを抱えるかもしれません。

しかし、そんなものは大人になったら何の意味もないことだ、と教えてください。わが子にも他人と自分を比べない大切さを諭しましょう。

親がすべきは、自分の子どもの「人とは違うピカピカ光るところ」を見いだすことです。それを見つけて、ほめていけば、子どもは自信を持つことができます。きっと「ほかに代わりがいない自分」というものが認識できるはずです。

いつか子どもが巣立つことを想定しているか？

自然界では、ほかの動物の食べ物になることが当たり前なので、鳥でもライオンでも毎日が命がけです。

卵からかえったヒナは、巣立ちを経て親鳥から独り立ちし、やがて成鳥となって卵を産むというサイクルを繰り返しています。ライオンの子だって、群れの中で狩りを覚えて、オスはいずれ群れから独り立ちをします。

人間も同じで、子どもはいつか自立して、親元から巣立っていくことを想定していなければなりません。そして、子どもを独り立ちさせることは親の責務でもあります。

子どもが成長するにつれて、かわいい子どもがいずれ出ていくのかと思うと、寂しくなる親の気持ちはわかります。経済的にも実家暮らしはラクだし、親からしても安心かもしれません。

ですが、**大人になっても実家を出ていかない子というのは、ある意味、子育てに失敗したということ**です。

野生動物の保護活動でも、ケガなどで一度保護した動物を野生に返すとき、戻ってきてしまうことがたびたびあります。

それでも辛抱強く、野生に返すことを繰り返していくと、動物は人間のもとに戻ってこなくなるのです。

子どもが「自立したい」と言い出したら、心配でも寂しくても応援するのみです。

もし、一人の生活がうまくいかなくて戻ってきたときには、練習だと思ってあたたかく迎えて、次の旅立ちの準備期間にしてもらいましょう。

第5章

お金や人間関係、子どものトラブルとの向き合い方

節約や預貯金ではなく、お金の「使い方」を教える

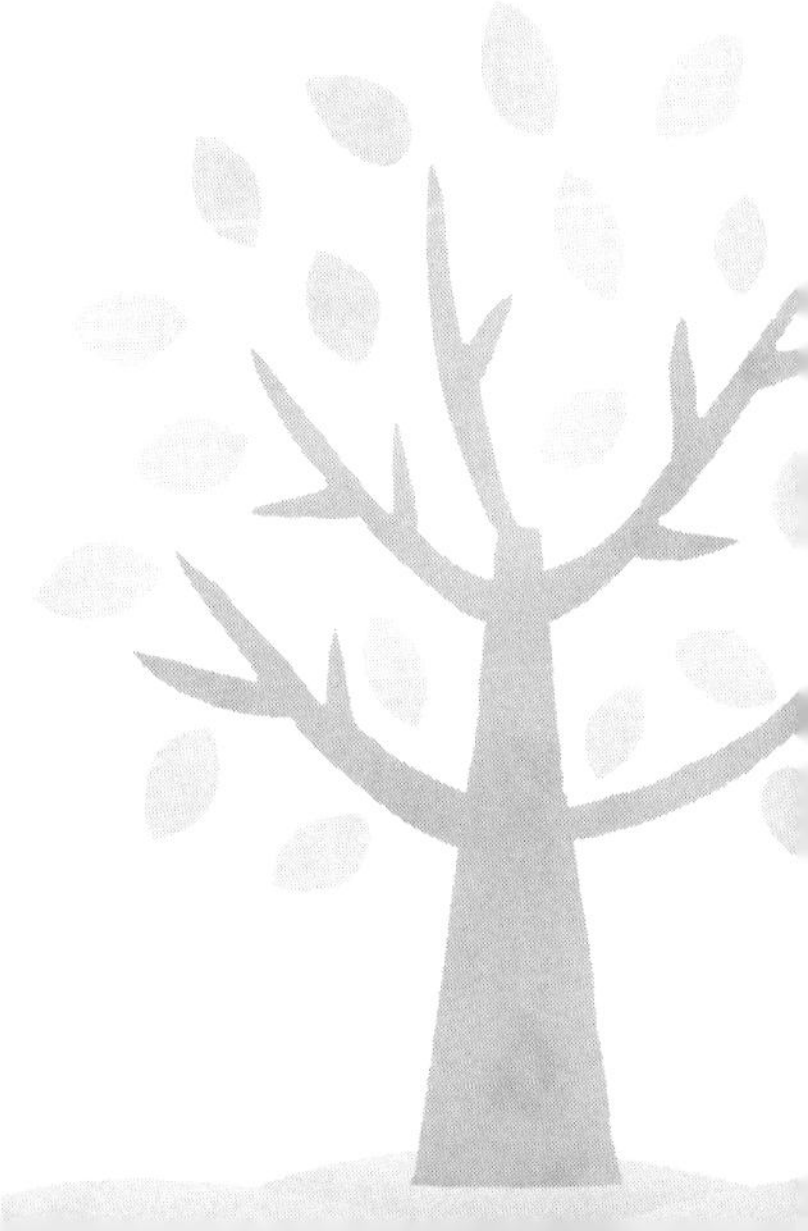

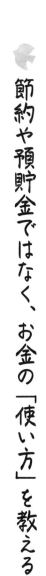

子どもに、お金についてどのように教えればいいか、悩んでいる親御さんが多いようです。私にもよく、相談が寄せられます。

欧米では「お金の授業」があるそうですが、日本にはありませんし、各家庭の裁量で教えるしかありません。

しかし、日本人は教科書に沿って進める授業はできても、フリー形式で教えたり学んだりは苦手な人が多いです。

また、昔から言われているものの、根拠のないことを妄信する悪癖もあります。

たとえば、お金を貯めるのがいいことで、使うのは悪いことのように思われている傾向があります。

節約レシピや節約術がメディアで人気を集めるように、子どものころだけでなく、大人になってからも「お金を無駄づかいしないように」と思って、節約を善と信じて生きている人は少なくないと思います。

ただ、私が子どものころ、おじいちゃん（永田雅一）から教わったのは、お金を節約することでも貯めることでもありません。

それは「使い方」でした。

忘れられないのは、子どものころ、毎年お正月にお年玉とは別に3万円を渡されて、それを「3日ですべて使いきる買い物をしてきなさい」と言われたことです。

おじいちゃんは、行きつけのおもちゃ屋さんなど、私が行きたかったところへすべて連れていってくれたので、欲しいものが買えます。子どもだったので、思いついたまま手に取って買ってしまいました。

すると、おじいちゃんから3日後に「何を買ったか、何が欲しかったのか」と聞かれるのです。

買ったばかりのころは、おもちゃのことを覚えています。

ですから、おもちゃについても詳細を答えられますし、どんなにうれしかったかといった感情についても話せます。

しかし、まったく同じことを1週間後、さらに1か月後に聞かれると、どんどん忘れているのです。

それどころか、買ったおもちゃをなくしていることさえありました。

おじいちゃんは「あんなに気に入って買ったおもちゃなんだから、見つけてあげたほうがいいんじゃないか？」と言ったりもしますが、なくしたことを怒ることはありませんでした。

渡された3万円でたくさんのおもちゃをどんどん買っても、3か月後に手元に残って大切にしているおもちゃがわずかであったとしても、おじいちゃんは無駄づかいについては怒らないのです。

おじいちゃんが教えてくれたのは、**3か月、毎日一緒に寝ていたぬいぐるみがあり、毎日遊んだミニカーがあって、それを大切にしているのであれば、豊かな時間を過ごしたことであり、それはいい買い物なのだ**ということです。

これを毎年、お正月が来るたびにやられるので、いくら子どもでもさすがに「本当に欲しいものを買うべきだ」ということがわかり、だんだんとお金の使い方が変わっていきました。

お金はちゃんと使うと豊かさを享受できるから、いいお金の使い方をする人はお金に困らないということを肌で学んだのです。

子どもには、お金はただの交換ツールであって、物品と交換したり、サービスと交換したりできるから価値があるのだ、ということを教えましょう。

節約すること、預貯金すること、増やすことだけを教えるのは、不十分であるばかりか、お金の本質を見誤っているとさえ言えます。節約や預貯金、投資を批判するつもりはありませんが、まずは「使い方」を教えることをおススメします。

お金のやり繰りを子どものうちから教えよう

子どものお小遣いについて「いくらぐらいがいいのでしょうか?」と聞かれることがありますが、うちでは子どもに毎月お小遣いを渡すやり方はしていません。

娘二人にはそれぞれ銀行口座を開設していて、いただいたお年玉は母親がその口座に入れて入出金や残高を共有します。親から子どもに渡すお小遣いも、1年分をその口座に入金しているのです。

もちろん、生活必需品は親が買っていますし、お菓子なども親が買ったものが家にあります。

それと、字に親しんでほしいので、書籍やマンガは例外的に、好きなだけ買ってあげています。

テーマパークなどへ遊びに行くときの入場料や飲食代も親が払いますが、テーマパークで購入するグッズは自分たちで買うようにしているので、子どもたちは年間の予算繰りがけっこう大変です。

私は、おじいちゃんが教えてくれた「お金を使う大切さ」を実感しているので、娘たちにも「いい買い物」をしてほしいと考えています。

そのためには、親が「無駄づかいするなよ」などと押しつけるよりも、私がそうだったように、たとえ失敗することはあっても、自分たちで考えてやり繰りしたほうが身につくでしょう。

よく「お手伝いをしたらお駄賃《だちん》を払う」というご家庭もありますが、私は子どもが家事を手伝うのは当然のことだと考えています。

ですから、何か家のことを手伝ったからといって、わが家ではお駄賃制度はなしです。お駄賃をあげないと動かない子どもになってしまうので、家の手伝いにお金は発生させません。

ただし、どうしてもお金がないとき、私が絵を描くためのアトリエの掃除や画材の準備などのアシスタント作業をすることはあります。もちろん大金ではなく、3時間で300円くらいです。

私のアトリエのアシスタントは家事ではありませんから、純粋に仕事としての対価を払うことにしているのです。

また、少しだけですが、例外的な措置もあります。

キャラクターのコレクターズアイテムのような、やや高額になる品物は、子どもの趣味を応援するというような意味合いで買ってあげることもあります。

ほかにも、ゲーム機の本体は買ってあげるとか。もちろん、ソフトは自分で買ってもらいますが。

一般的に見たら、お小遣いの金額は少し多めかもしれませんが、その代わりよそのご家庭でおこないがちなことはしません。

たとえば、一緒にショッピングセンターや100円ショップに行ったとき、少額でもついでに何か買ってあげるというようなことはしないようにしています。

趣味の応援や高額な買い物は除きますが、**極力「今日は特別だよ」というような例外を設けない**ようにしています。そうすることで、まともな金銭感覚が育つようにしているのです。

「お金は無限にある」ことを知り、教えよう

日本人は諸外国の人に比べて、預貯金額が非常に多いということもよく話題になりますが、そもそもなぜお金を貯め込むことに執着するのでしょうか。お金を持っているから安心とは限りませんし、かえって余計な感情を抱く危険性さえあります。

お金を自信の根拠やプライドのよりどころにしている人は、自分よりお金を持っている人や稼いでいる人に対して変に嫉妬《しっと》してしまい、不要なストレスを生じさせることが頻繁にあるのです。

こういう親の姿を子どもはしっかり見ていますから、くれぐれもお金に振り回されないことが大切です。子どもに悪影響を与えないためにも「お金は無限にある」ということを覚えておきましょう。

みなさんも、お金は金融機関に預けていると思います。ところで、自分が預けたお金のことを想像したことはありますか？

たとえば、私が１００万円を銀行に預けたとします。

銀行はそのお金に、ていねいに「永田様」と書いた封をして、大切に保管してくれているでしょうか？

もちろん、そんなわけないですよね。

では、その後、田中さんが200万円を同じ銀行に預けたらどうなるでしょうか？

金融機関では、預貯金をほかの誰かに貸したり投資したりしますから、仮に「山田商事」という会社が1000万の融資を希望したら、私の100万円も田中さんの200万円もまとめて、山田商事への融資に使われているでしょう。

このように、さまざまな人たちのお金が金融機関に集まりますが、銀行は数字の操作で貸し借りを繰り返しているだけです、

つまり理論上、お金は無限にあるということになります。

よく売れてきたお笑い芸人が、テレビで「年収が3000万円に増えた」などという話をしていたとしても、自分の年収が下がるわけでもないし、逆も同じです。

お金は無限にあるということを知れば、他人に嫉妬もしなくなります。わが子にも教えておきたいことではないでしょうか。

乏しい金銭感覚を捨てて健全に増やす

子どもへの悪影響という点でいうと、金銭感覚の乏しさから生じるトラブルにも気をつけたいところです。

よく「私はこの方法で1億円稼ぎました！」みたいな人が、投資セミナーやマルチの勧誘で話しているのを聞いて、だまされる人がいます。

ですが、冷静に考えてみてください。儲かっている人は次の投資に忙しいから、セミナーなんて開いている時間なんてないはずです。

そもそも「儲かった」などと言って、セミナーなんか開いている人自体が貧しい存在です。もちろん、その甘言にだまされる人自体も、金銭感覚が乏しいのです。

お金でお金を増やそうとすることに夢中になっている人は、永遠にお金は得られないでしょう。

もちろん、子どもにお金を増やすのを教えること自体を、否定するわけではありません。むしろこれからの時代、必要になってくるでしょう。

日本は金利が低いうえに、銀行も当てになりません。そうなると、やはり投資ということになります。では、どんな投資がいいでしょうか？

「タマゴボーロ」で有名なお菓子会社を創業し、日本最高と言われた個人投資家の竹田和平さんには、私もお世話になりました。

そんな彼が投資すべきかどうかの判断は、成長しそうな企業であるかよりも、応援したくなる企業かどうかです。そして、応援したい企業の株を買ったら長期保有が鉄則でした。

デイトレードのような短期で売買するスタイルではなく、長期保有を原則として、自分が応援したい会社、自分の生活に近しい会社の株を、安いときに買い増すスタイルが健全です。**この投資法は私も実践しています。**

収入や預貯金との按分《あんぶん》もありますが、今なら積立NISAなどでもいいでしょう。

いずれにしろ、子どものうちから正しい金銭感覚を養うことも、これからの育児で重要な要素の一つなのです。

子ども同士のつき合い、親同士のつき合い

子ども同士のつき合いで、かつては「おごった・おごられた」の問題がありました。ただ、今は大人同士でも割り勘が一般的になっていますから、子ども同士でも同じでしょう。高校生たちが、ファミレスやファストフード店などでお茶したあとに、レジ前でそれぞれの分を払っている光景をよく見かけますよね。

時折、いい格好しようとして誰かがおごったりすると、人間関係がおかしくなることもありますが、**公平につき合える相手でしたら、それぞれのシチュエーションでのルールにしたがえばいい**でしょう。

ちなみに、私の子どもたちは、子ども同士で「おごった・おごられた」というのはありませんが、友だち同士の家を行き来する文化はあります。

行き来する回数も、ほとんどお互いに公平です。

友だちの家へ行くことはだいたい数日前に決まることが多いので、その場合は親がお菓子を用意して持たせています。急に決まって、お菓子を用意できなかった場合は、次回にちょっといい物を持たせます。

緩急つけて、子どもの親同士が気をつかわないつき合いを心がけています。

一方で、子ども同士のつき合いだけでなく、親同士のつき合いにストレスを感じている人も多いかもしれません。

いわゆる「ママ友」というか、母親中心の気をつかう食事会を連想する人が多いかもしれませんが、この手の集まりに無理して顔を出す必要はありません。かかる費用よりも、人に対するストレスのほうが多いでしょうから。

子どもが育つにつれて、親にもさまざまなつき合いが発生しますが、本当に気の合う友人は数少ないものです。**ママ同士のコミュニティでストレスを感じないためには、上手に友だちをつくらないことも必要です。**

ちょっと金持ち風なママさん主催のランチ会やホームパーティには、誘われたら行かなければ……と思っている方もいるでしょうが、もちろん行かなくていいです。

もし、夫の収入や職業でマウントを取られることがあったら、自分の心に「お金はあっても心は豊かなのかな？」と問えば、おのずとつき合う必要はないと気づくはずです。

贈り物をすることでお金の使い方が変わる

子どもが友だちの家へ遊びに行くときの〝お持たせ〟にも共通することですが、贈り物は贈る側の想像力が問われます。豪華すぎてもダメですし、過少だと相手からどう思われるか不安になります。

ただ言えるのは、せっかく贈り物をするなら先方に喜んでほしい、ということです。

これは大人だけではなく、子どもにも言えることです。

少し前に「うちの娘は、お金づかいが荒い」というご相談を受けたことがあります。

なんでも、けっこうな額のお年玉をもらったにもかかわらず、春を待たずしてカツカツになっていることもあるそうです。

私は「お金は使い方が大事なので、娘さんが〝何にお金を使ったか〟を見てください」とお話ししました。

すると、**コロナ禍を経て、娘さんのお金の使い方が変わってきたといいます。それは、友だちへのプレゼント**です。

友だち関係が広く浅くではなく、狭く深くと変わってきたこともあるでしょうが、友だちのパーソナルな部分をよく考えて、本当に贈られた側が喜ぶプレゼントを選ぶようになっていたそうです。

私自身も贈り物をすることは好きで、何かにつけて贈り物をします。

子どもが生まれたばかりの人に贈り物をするときは、自分ごとのようにワクワクした気持ちで選びます。

また、イベントなどでのギフトなら、楽しいもの・盛り上がれるもの、安いものでも一筆箋《いっぴつせん》にひと言を添えるだけで、心がこもった贈り物になります。

現実的に、日々の暮らしが苦しい人もいるかもしれません。**ですが、それでも誰かの笑顔を思い浮かべて贈り物をすると、好循環を生んで、金運がよくなるというのが私の考えです。**

そのために使うお金はプライスレスです。いい人間関係を構築するための助けにもなります。

親として「子どものSOS」を確実に受け取ろう

もし、子どもが学校でいじめにあっていたら、100%の確率ですぐに気づける自信がある！

そう断言できる親が、はたしてどれくらいいるでしょうか。

子どもが学校でつらい思いをしていても、家ではいつもどおりに振る舞っていたら、気づけないという親も少なくないでしょう。

でも、つねに子どもの表情を見て、質問をたくさん投げかけ、ナチュラルな会話をしていたら、やはり気づけないことはないと思います。

もし、自分の子どもがいじめにあっていたら、まず話を聞いて状況を把握する必要があります。

程度にもよりますが、学校に相談すべきかどうか、子どもにも確認して、親も納得したうえで子どもの意思を尊重しましょう。

そして、親は絶対に子どもの味方だということを、必ず伝えてください。

第2章でもご紹介しましたが、私が通った慶應義塾幼稚舎は、小学校の6年間でクラス替えがありませんでした。

それは、大人になったら価値観の異なる人たちの集まりになるから、社会に出て経験するであろうことは、子どものうちから経験させせよ、という考えによるものです。

また同時に、トラブルがあっても、なるべく子ども同士で解決に導かせるという教育でもありました。

その考えを、すべての子どもに置き換えられるかどうかは、環境も異なるので難しいかもしれません。

ですが、親は子どもの味方になって、話を聞くことはできるはずです。

もちろん、子どもが成長するにつれて、親と話す時間も減りますし、親もラクをしたくなりますから仕方ない部分はあるかもしれません。

しかし、私は子どもから拒絶されるまで、親は子どもの話を聞くことをやめてはいけないと考えています。

一方、子どもが話をしているのに、いつの間にか自分の話ばかりして、意見を押しつけていたなんて親も珍しくありません。

そういうことがないように、子どもの話を聞くときに守ってほしいことがあります。

といっても、特別に難しいことではありません。次の３点だけです。

・子どもの話を黙って聞く
・疑問があったら質問をする
・子どもから意見を求められたときだけ話す

じつは私も若いころは、従業員の話にまったく耳を傾けることがない、ワンマン経営者でした。しかし、従業員の離職が続くなどしたとき、たまたまアメリカで素晴らしい経営者との出会いがあって、その考えを改めました。

その人から言われたことも、先ほどの３点とそう大きく変わりません。

・十分に耳を傾けて相手の話から先に聞くこと
・それには否定も肯定もしない
・話を聞き終わったら、質問を投げかける
・質問のキャッチボールは３往復を目指す

みなさんが経営者や部下を持つ立場にある方だったら、大いに同意していただけると思います。ふだん働いているとき、こういった点を意識して部下とコミュニケーションを取っている方もいるでしょう。

これは、子育てでも同じことなのです。

職場でできるなら、家でもできるはず。子どもの話を聞く際に、ぜひ実践してみてください。

子どもが犯罪などのトラブルに巻き込まれたら……

たとえば、男の子がガールフレンドを連れて歩いているとき、不良にからまれて、守ろうとして暴力を振るった結果、警察に補導されたとします。

どちらが悪いかはさておき、これは犯罪ですよね。

万引きもそうですし、飲食店での迷惑動画もそうです。自分の子どもがやらかす可能性は、決してゼロではありません。

そうなったとき、親がすべきことは、以下3点です。

まず全力で謝ること。
その謝っている姿を子どもに見せること。
最後に、子どものケツをぬぐうこと。

また、子どもに対しては、どこが悪かったかを伝え、よかったところがあったら認めましょう。先の例で言えば、最初にガールフレンドを守ろうとしたことは、評価したいところです。

子どもが償うことになっても、それを応援することも忘れてはいけません。

さらに、やらかしてしまったことは痛いけれど、やがて大きな学びとなりますから、それを経た子どもの未来は明るいわけです。将来の可能性を信じることも教えてください。

第3章で、私がピアスを開けたときも、問題を起こして停学になったときも、おばあちゃんは決して責めなかったという話をご紹介しましたが、子どもを信じるという力をもって、親としての覚悟もしなくてはならないのです。

具体的な覚悟というと、以下のようなものがあげられます。

- **子どもがやらかしたときの覚悟**
- **どんなときも子どもの未来を信じる覚悟**
- **応援する覚悟**
- **守りぬく覚悟**

子どもに対しては、いつも「あなたが何かをしでかしたときは、親の私が絶対に責任を取るから」と伝えることを忘れないでください。

積極的に犯罪をする子もそういないでしょうが、巻き込まれてしまうことはあるかもしれません。よく「うちの子に限って」なんていう話も聞きますが、トラブルのほうからやってくることだってあるのです。

そういう万一のとき、いざというときに、子どもが心から頼れるのは親だけです。

日ごろから子どもに「親の私はあなたの絶対的な味方だ」と伝えて、万一のことが起きたときには親としての覚悟を固めましょう。

結果を求めるな。楽しくやれているならいい

オリンピックに出場する選手が、インタビューなどで「楽しんできます」と答えていることが多々あります。

ただ、この「楽しむ」という言葉を誤解している方々が多いようです。

アスリートが言っているのは、みんなでバカ騒ぎするような「楽しむ」ではありません。大会に向け、できる準備のすべてを周到にやったうえで、あとはベストコンディションで競技にのぞみたいがための「楽しむ」なのです。

これまでの積み重ねを信じて、各々がその積み重ねを自信にしているから「楽しみ」にできるのです。

彼らは、ガチガチに緊張しているよりも、少しゆるめているほうがプラスに傾くことを知っています。

ですから、その競技を好きになったころに戻ろうとしているのです。

失敗を心配してガチガチに緊張しても、リラックスして楽しく競技に向かうのも、競技においては何が起こるかわからないという状況は同じです。

だったら、楽しくやったほうがパフォーマンスだって上がるというもの。

そういう意味での「楽しさ」が、子どもの学びの中にあることが理想です。

ですから、ふだんの積み重ねは大事です。さらに、その積み重ねを信じたうえで、本番を「楽しむ」という姿勢も問われてきます。

もちろん、それでも失敗することはあるでしょう。

でも、そんな失敗体験ですら、一つひとつを未来目線で見たとき、将来的に「あの失敗があったから今がある」と子どもが前向きにとらえられるように、親が導くことが大切です。

失敗を共有できて、そこからの学びを引き出せるような親でいるべきでしょう。

たとえば、子どもが水泳の大会で負けて帰ってきたとします。

そういうときは「この前まではプールサイドに立ったときガチガチに緊張していたのに、今日はリラックスして泳げていたね」などと、必ずよかったところを見つけ出してほめましょう。

すると子どもは「あ、自分の行動は正しかったんだ」と気づきを得て、次回はどうするかを考えることができるようになります。

また、何か目立つことをするとアンチができて、批判されることもあるでしょう。

ですが、発表でも、行動することでも、自分らしさを発揮していくと共感者も生まれます。ファンも、次第に増えていくはずです。それに伴って、同じくらいの数のアンチもできますが、正直アンチなんて「それがどうした」レベルのことです。

そもそもアンチというのは、その人の行動力をうらやんでいたり、嫉妬していたりすることがほとんどです。

成功者にイラついて、ネットで悪口を書いている人を見ればわかりますが、成功者の短所ばかりをあげつらっているだけです。

そんな人たちは放っておくに限ります。

親は、アンチを気にするよりも、ファンに目を向けられる子どもに育てたほうがいいでしょう。そのためには、失敗する機会を奪ってはいけないし、行動することに対して二の足を踏ませないことです。

おわりに

最後までお読みいただき、誠にありがとうございます。

2022年10月に本名で出版した『激動期を生き抜く これからの帝王学』(秀和システム)という本を読んでくださった、子育てや教育のインフルエンサーの方から声をかけられ、子育てママさんたちへInstagramでライブ講演したのが2022年12月です。

それをきっかけに、2023年はあれよあれよという間に、子育てママさんへの講演、コミュニティーラジオ、グループコンサルプログラムと、発信の場が一気に増えました。


文中にも書きましたとおり、私は明治生まれの曽祖父・曽祖母に育てられ、多大なる影響を受けました。曽祖父は小学校もまともに通わず、しかし昭和の豪傑と言われる経営者にまで出世し、さらに倒産も経験した人です。

曽祖父は、私を育てるにあたり「明治生まれの私が昭和の新人類を育てられるのか？」「いかなる時代でも普遍的なこと、人としての在《あ》り方だけを伝えよう」と、愛情たっぷり一緒に過ごした9年間にすべてを込めてくれました。

私も、自分の娘が生まれた際「はたしてこの子が大人になるときには、どんな世の中になるのか？」と思いを寄せましたが、いくら考えても想像にしか過ぎません。ですから私も、曽祖父からの教えをベースに普遍的なこと、人としての在り方、そして何より私自身の在り方に集中することに決めました。

実際2020年からのコロナ禍の生活により、世の中の価値観は激変して、ますます我々親世代は「オワコン確定通知」をいただいた感覚にもなりました。

AIの成長、ChatGPT の出現など、世の中はめまぐるしい速度で変化し続けています。それは今後も同様であると考えると、今の子どもたちにいちばん必要なのは、変化への対応力なのです。

今ある仕事も、数年後にはなくなっているかもしれません。

変化への対応力をつけるには、成功だ失敗だと一喜一憂せずに、即行動できる力、経験数がものを言います。

さらに「あなたでなければならない理由は？」という問いに答えられる人間力と、個性が重要になってきます。

そんな我々親世代が想像もできない、対応もできない時代に向けて「明るく笑顔で生きられる子どもに育てるには？」を、今後も発信し続けていければと思います。

ＯＴＳＵ

著者プロフィール

OTSU（オツ）

東京都生まれ。慶應義塾大学卒業。

幼いころより一族を束ねる曽祖父から帝王学を授かる。私立名門校に在学中からさまざまな社会経験を積みつつ現場の仕事を学び、10代で経営者として独立。大学卒業後もコンサルタントとして活躍し、若くして経営者人生は30年に及ぶ。幅広い業界から“人財教育”の部分で高い評価を受けており、昨今では教育関係からの講演オファーが殺到、高額の講演会やセミナーが即座に満席御礼となる盛況ぶりである。本名での著書も多数出版している。

【Instagram】
https://www.instagram.com/otsu_alacademy/

◆装丁　金井久幸（TwoThree）
◆編集協力　青山のりこ
◆イラスト　栗生ゑゐこ

育児《いくじ》＝育自《はいくじ》

発行日　2023年　6月24日　第1版第1刷

著　者　OTSU《オツ》

発行者　斉藤　和邦
発行所　株式会社　秀和システム
〒135-0016
東京都江東区東陽2-4-2　新宮ビル2F
Tel 03-6264-3105（販売）Fax 03-6264-3094
印刷所　日経印刷株式会社　Printed in Japan

ISBN978-4-7980-6997-5 C0037

定価はカバーに表示してあります。

乱丁本・落丁本はお取りかえいたします。

本書に関するご質問については、ご質問の内容と住所、氏名、電話番号を明記のうえ、当社編集部宛FAXまたは書面にてお送りください。お電話によるご質問は受け付けておりませんのであらかじめご了承ください。